Neuhäuser · Seidel | Was ist Moralismus?

[Was bedeutet das alles?]

Christian Neuhäuser
Christian Seidel

Was ist Moralismus?

Über Zeigefinger und den Ort der Moral

Reclam

RECLAMS UNIVERSAL-BIBLIOTHEK Nr. 14273
2022 Philipp Reclam jun. Verlag GmbH,
Siemensstraße 32, 71254 Ditzingen
Gestaltung: Cornelia Feyll, Friedrich Forssman
Druck und Bindung: Druckerei C.H.Beck,
Bergerstraße 3–5, 86720 Nördlingen
Printed in Germany 2022
RECLAM, UNIVERSAL-BIBLIOTHEK und
RECLAMS UNIVERSAL-BIBLIOTHEK sind eingetragene Marken
der Philipp Reclam jun. GmbH & Co. KG, Stuttgart
ISBN 978-3-15-014273-8

Auch als E-Book erhältlich

www.reclam.de

FSC
www.fsc.org
MIX
Papier aus verantwortungsvollen Quellen
FSC® C019821

Inhalt

1. Einleitung: Zunehmender Moralismus?

Justine Sacco hatte 170 Follower, als sie Ende 2013 ihren Langstreckenflug nach Südafrika mit spitzen Twitter-Bemerkungen über die körperlichen Ausdünstungen eines Mitreisenden und die in ihren Augen wenig erfreuliche Bordverpflegung kommentierte. Bevor sie den letzten Teil ihres Fluges antrat, setzte sie – in der Absicht, sich über amerikanische Vorurteile gegenüber dem Ziel ihrer Reise lustig zu machen – einen verhängnisvollen Tweet ab: »Ich bin auf dem Weg nach Afrika. Hoffentlich bekomme ich kein AIDS. War nur ein Spaß. Ich bin weiß.« Sacco, die selbst aus Südafrika stammt, ging dann offline und schlief. Als sie elf Stunden später bei der Landung in Kapstadt ihr Smartphone anschaltete, wurde sie bereits von Fotografen erwartet und musste erfahren, dass ihr Arbeitgeber sie aus ihrer leitenden Position entlassen hatte. Inzwischen hatte ihr zehntausendfach entrüstet kommentierter Tweet sie zum weltweit führenden Twitter-Trend gemacht. Dabei wurde Sacco nicht nur verbaler Rassismus vorgeworfen; die Reaktionen umfassten auch wüste Beschimpfungen bis hin zu Mord- und Vergewaltigungsdrohungen.

1.1 Die Diagnose eines zunehmenden Moralismus

Es ist sicherlich strittig, ob Saccos Tweet geeignet war, Vorurteile ironisch zu entlarven, oder ob er solche Vorurteile eher erhärtete. Davon hängt ab, inwieweit es gerechtfertigt ist, Sacco für ihren Tweet moralische Vorwürfe zu machen, d. h. ihr Handeln als moralisch falsch oder gar verwerflich (und nicht etwa als stilistisch misslungen) zu kritisieren und mit Einstellungen wie Verärgerung, Übelnehmen oder Empörung zu reagieren. Eher unstrittig aber ist, dass so mancher einzelne Vorwurf gegen Sacco sowie der moralische Empörungssturm als Ganzer überzogen und selbst moralisch höchst problematisch waren. Insofern illustriert diese Episode eine immer wieder sich aufdrängende Zeitdiagnose: dass im öffentlichen Diskurs und im persönlichen Miteinander in zunehmendem Maße auf moralisch problematische Weise moralische Vorwürfe erhoben werden. Nahezu jeder Bereich unserer Lebenswelt scheint zu einem moralisch verminten Gelände geworden zu sein. Ganz gleich, ob bio-regional-vegane Ernährung, flugschamloses Reiseverhalten, fair gehandelte Produkte, inklusive Sprache, Straßennamen und Denkmäler, schlüpfriger Humor, Gedichte und die Berechtigung, diese zu übersetzen, Treuepflichten gegenüber lokalen Unternehmen oder Solidaritätsappelle im Zusammenhang mit Impfungen und sozialen Kontakten: Angeblich gehe es überall um moralisch richtig oder moralisch falsch. Schon der kleinste Fehltritt könne mahnende Zeigefinger, anprangernde Vorwürfe oder eben einen (digitalen) Sturm der Entrüstung auslösen. Entsprechend ist es zur publizistischen Mode geworden, »einen Jargon aufgekratzter Moralität«, »Helikoptermoral«, »Gutmenschentum«, sogenannten »Tugendterror«, »Moralisierungsüberschuss« oder auch eine »Übermoralisierung gesellschaftlicher Debatten« zu beklagen. Schnell sind dann auch Gründe zur Hand, warum dieser zunehmende Moralismus ein Übel sei: Er stigmatisiere bestimmte Gruppen, vergifte öffentliche (einschließlich universitäre) Debatten oder bedrohe gar die grundgesetzlich geschützte Meinungsfreiheit.

Dabei ist die Diagnose einer moralistischen Diskursverschiebung gar nicht so neu. Schon Ende des 18. Jahrhunderts warnte Immanuel Kant (1724–1804), interessanterweise unter Bezug auf Ess- und Trinkgewohnheiten, vor einer Tyrannei durch sich ins phantastisch Tugendhafte versteigende Moralvorstellungen.[1] Etwa ein Jahrhundert danach ermahnte Friedrich Nietzsche (1846–1900) dazu, »jetzt die Welt zu *ent*moralisieren: sonst könnte man nicht mehr leben.«[2] Ähnlich unterstellte Arnold Gehlen 1969 in *Moral und Hypermoral* seiner Zeit dann »moralhypertrophe Aufgeregtheit.«[3] Wie Hermann Lübbe in seiner 1987 erschienenen und 2019 neu aufgelegten Schrift *Politischer Moralismus. Der Triumph der Gesinnung über die Urteilskraft* beobachtete, nahm offenbar noch rund 20 (bzw. 50) Jahre später »die Intensität der moralischen Reflexion überall zu und in eins damit auch die moralische Tonhöhe in der verbalen politischen Auseinandersetzung.«[4]

So betrachtet wirkt die Gegenwartsdiagnose eines zunehmenden Moralismus eigenartig zeitlos – und ist vielleicht selbst Bestandteil und Antreiber der beklagten Empörungs- und Erregungskultur.

1.2 Einige Erklärungsversuche

Das bedeutet natürlich nicht, dass die Diagnose eines zunehmenden Moralismus unzutreffend sein muss. Doch um das feststellen zu können, muss man zuerst eine grundlegende Frage beantworten: Was genau besagt die Diagnose eigentlich?

Naheliegend ist zunächst, dass diese Diagnose sich auf

eine fortschreitende moralische Durchdringung unserer Lebenswelt bezieht: Immer mehr Bereiche unseres Lebens werden moralisch zum Thema gemacht. Tatsächlich könnten einige, spezifisch moderne Entwicklungen so etwas begünstigt haben. So hat im Zuge der Globalisierung unser Wissen von der Welt zugenommen: Wir wissen immer mehr über komplexe ökologische, wirtschaftliche und soziale Zusammenhänge wie Klimawandel, Tierleid, Ausbeutung oder Weltarmut. Entsprechend kennen wir die positiven und negativen (weltweiten) Folgen unseres Handelns immer besser. Damit wird uns auch die moralische Dimension unserer Praktiken zunehmend bewusster. Darum erscheinen die Autofahrt, das Fleisch auf dem Teller oder die günstige Jeans plötzlich nicht länger moralisch unbedeutend. Selbst die Frage, ob man Kinder bekommen sollte oder nicht, halten manche mit Blick auf die zukünftige CO_2-Bilanz der Nachkommen nicht länger für moralisch unbefleckt. Vom zunehmenden Bewusstsein zur zunehmenden Thematisierung der moralischen Dimension ist es dann nur ein kleiner Schritt.

Zudem leben wir in einer immer stärker pluralisierten und differenzierten Gesellschaft. Im Gleichschritt mit der Auflösung traditioneller sozialer Bindungen an Kirchen, Parteien, Gewerkschaften oder Vereine ist unserer Gesellschaft eine *einheitliche* orientierende Normierungsmacht abhandengekommen. Nichts und niemand sagt uns allen gemeinsam, wo es langgeht – weder die Tradition noch die Kultur und auch nicht die Religion. Daraus erwächst eine Vielstimmigkeit von Wertvorstellungen und Lebensstilen, die gemeinsame Entscheidungen in Politik und Recht komplexer macht. Und diese Vielstimmigkeit wird zugleich von denjenigen, die sich Eindeutigkeit und Einfachheit wünschen, als Zumutung empfunden. Man kann die Berufung auf eine höhere Moral, die von Tradition, Kultur oder Religion losgelöst ist, dann auch als Reaktion auf eben diese Zumutung deuten: als Versuch, sich einer geteilten Wertegrundlage zu vergewissern und damit jene Orientierung sowie jenen Zusammenhalt wiederzugewinnen, die einst Tradition, Kultur oder Religion boten.

Diese Entwicklung wiegt umso schwerer, als unsere Lebenswelt zudem durch eine zunehmende Technologisierung geprägt ist. Oft erzeugt wissenschaftlich-technischer Fortschritt einen neuartigen Bedarf an Orientierung und Normierung: Wohin mit dem Atommüll? Was tun mit überzähligen *in vitro* gezeugten Embryonen? Die Moral soll hier leisten, was Religion oder Tradition nicht mehr verbindlich leisten können.

Dabei kann insbesondere diejenige technische Entwicklung, die man oft als ›Digitalisierung‹ bezeichnet, selbst zum Katalysator dafür werden, Moral immer stärker zu thematisieren. Dass z. B. ›Debatten‹ in sozialen Netzwerken nicht selten hochgradig moralisiert geführt werden, hat auch etwas mit den technischen Randbedingungen dieser Kommunikation zu tun: Die Möglichkeit zur Anonymität erleichtert moralische Übergriffigkeit; die erzwungene Kürze für Mitteilungen lässt keinen Raum für Differenzierungen; die eingebaute Aufmerksamkeitsökonomie setzt Anreize zur Übertreibung und Entgleisung. Zudem bildet das Internet die gesellschaftliche Vielstimmigkeit auf sehr sichtbare Weise ab; es trägt damit Themen und Meinungsverschiedenheiten an die eigene Lebenswirklichkeit heran, die uns sonst verborgen geblieben wären. Außerdem macht der hautnahe digitale Zugriff auf das Leben der anderen Statusunterschiede und Gerechtigkeitslücken sichtbarer und liefert zusätzliche Anlässe, sich zu empören.

1.3 Ein Blick unter die Oberfläche

Wenn von zunehmenden Moralismus die Rede ist, ist jedoch noch etwas mehr gemeint als lediglich eine fortschreitende Durchdringung unserer Lebenswelt mit Moral. Dass so manche moralische Reaktion auf Saccos Tweet moralistisch war, meint ja nicht, dass damit eine neue moralische Frage aufgeworfen oder etwas moralisch thematisiert wurde, was zuvor religiös oder kulturell verhandelt worden wäre. Rassismus ist kein neues moralisches Problem. Die Diagnose des Moralismus bezieht sich hier vielmehr auf die moralische Qualität der moralischen Kritik, die Sacco entgegenschlug: *Diese* moralische Kritik war nach Einschätzung vieler ihrerseits überzogen und selbst moralisch problematisch.

Das ist ein interessantes Phänomen: Moralische Kritik und moralisches Sprechen wird hier im Diskurs *selbst* in moralischer Hinsicht zum Thema gemacht. Das heißt, es wird moralisch – und nicht etwa rechtlich oder ästhetisch – beurteilt, ob und wie stark man moralisch urteilen und kritisieren sollte. Man sucht gewissermaßen nach dem angemessenen *Ort der Moral im öffentlichen Diskurs*. Leitend ist dabei die Vorstellung, dass man es mit der moralischen Kritik auch übertreiben kann, dass moralische Äußerungen also *selbst* moralisch problematisch und unzulässig sein können. Und man kann darüber streiten, ob und wann das der Fall ist: Ist eine bestimmte Äußerung oder moralische Kritik noch moralisch angebracht oder schon moralistisch verfehlt? Genau um diese Frage nach dem richtigen Ort der Moral geht es, wenn eine moralistische Verschiebung des Diskurses oder zunehmender Moralismus bescheinigt werden.

Dass sich Diskurse tatsächlich so verschoben haben und dass Moralismus in diesem Sinne zugenommen hat, sind Hypothesen, die empirisch überprüft werden müssten. Es sind (ebenso wie die oben angedeuteten Erklärungsversuche) Behauptungen darüber, was tatsächlich zu beobachten ist – nämlich, dass sich Moralismus zunehmend verbreitet und dass dies aus bestimmten Gründen geschieht. Solche Behauptungen sind begründungsbedürftig. Man muss in Erfahrung gründende Belege liefern, die diese Hypothesen stützen. Eine solche empirische Untersuchung setzt allerdings bereits ein bestimmtes Verständnis von Moralismus voraus. Man muss erst einmal wissen, was Moralismus überhaupt ist, um feststellen zu können, ob und warum er sich ausbreitet.

Das ist allerdings gar nicht so einfach. Denn bei genauerer Betrachtung werden doch recht verschiedenartige Phänomene als Moralismus bezeichnet. Mal sind damit Oberlehrerinnen und Moralapostel, mal ist eine Art Prinzipienreiterei gemeint, also darauf zu bestehen, dass moralische Grundsätze rigoros eingehalten werden. Das kann, muss aber nicht in belehrendem oder predigendem Ton geschehen. Nicht immer also ist derjenige, der auf Prinzipien angeritten kommt, auch eine Oberlehrerin oder ein Moralapostel. Als moralistisch gilt aber auch der Tugendprotzer, der sich selbst beweihräuchert und eine Art moralische Nabelschau betreibt. Ihm geht es vor allem darum, selbst gut dazustehen. Wieder etwas Anderes (vielleicht die Lust an Bloßstellung und Brandmarkung) ist im Spiel, wenn man andere ›moralistisch‹ an den moralischen Pranger stellt, oder wenn man eine scheinbar moralfreie Angelegenheit (»Sollen wir für den Netflix-Abend Kartoffelchips oder Salzstangen kaufen?«) zur moralischen Gewissensfrage auflädt.

Es ist also gar nicht so offensichtlich, was Moralismus überhaupt ist. Entsprechend ist auch nicht klar, dass alle, die sich an der Debatte über den moralistischen Zeitgeist und dessen Ursachen beteiligen, überhaupt dasselbe meinen, wenn sie von Moralismus sprechen. Unser erstes Anliegen besteht daher darin, genauer hinzuschauen und zu untersuchen, was Moralismus überhaupt ausmacht. Dazu liefern wir in Kapitel 2 eine begriffliche Landkarte der verschiedenen Erscheinungsformen von Moralismus.

Doch warum ist es eigentlich so wichtig, im Blick zu behalten, was mit Moralismus jeweils gemeint ist? Zum einen natürlich, weil man so erst einschätzen kann, ob an der Behauptung, dies oder das sei Moralismus, tatsächlich etwas dran ist. Meist sind solche Behauptungen in moralischer Hinsicht ja nicht neutral, sondern haben selbst den Charakter eines *moralischen Vorwurfs*. Wenn man jemanden als Moralistin bezeichnet, will man nicht nur sagen, dass die Person irgendwie lästig ist, sondern dass die Person selbst etwas moralisch falsch macht – und zwar in einer Weise, die man ihr zum Vorwurf machen darf. Begriffliche Klarheit darüber, was genau ›Moralismus‹ bedeuten soll, ist dann notwendig, wenn man diesen Vorwurf stützen oder entkräften will.

Zum anderen ist begriffliche Übersicht nötig, weil auf

verschiedene Erscheinungsformen von Moralismus womöglich auch verschiedene Reaktionen angemessen sind. Vielleicht sind manche Formen von Moralismus schlimmer als andere und verdienen entsprechend schärfere Reaktionen? Vielleicht sind andere Formen des Moralismus aber auch moralisch unproblematisch oder gar geboten? Denn oft äußert sich Moralismus ja in Kritik an moralischen Missständen. Und diese Missstände verdienen es vielleicht, kritisiert zu werden. So kann man auch fragen: Was ist eigentlich falsch daran, moralische Missstände als solche offen zu benennen und so ein Umdenken anzuregen? Ist moralische Kritik nicht notwendig, um Verbesserungen zu erreichen, und ist der Moralismus-Vorwurf nicht manchmal sogar nur leeres Geschrei, um solche Verbesserungen zu verhindern?

Um derartige Fragen zu beantworten, muss man zunächst klären, ob eine bestimmte Erscheinungsform von Moralismus *überhaupt* moralisch problematisch ist – und was genau sie dann jeweils problematisch macht. Unser zweites Anliegen besteht darin, genau an dieser Stelle erneut einen Schritt zurückzutreten: Wir möchten den populären Vorstellungen, Moralismus sei problematisch, weil er andere ausgrenzt und stigmatisiert, den Diskurs vergiftet oder die Meinungsfreiheit einschränkt, auf den Zahn fühlen. Kapitel 3 legt daher die Voraussetzungen derartiger Begründungen offen und prüft, ob sie triftig sind, um besser zu verstehen, was genau Moralismus in den jeweiligen Fällen eigentlich problematisch macht. Die dabei immer wieder anzutreffende Vorbewertung, dass Moralismus stets etwas durchweg Schlechtes und in jedem Fall zu unterlassen sei, hinterfragen wir dann in Kapitel 4. Braucht es nicht manchmal vielleicht auch ein wenig Moralismus, um etwas zum Guten zu verändern? Kann Moralismus nicht auch nützlich sein und uns als Gesellschaft moralisch voranbringen?

Wenn man besser versteht, wann (und warum) Moralismus falsch ist und wann (und warum) nicht, dann sieht man auch klarer, wann der Vorwurf des Moralismus seine Berechtigung hat und wann nicht. In Kapitel 5 untersuchen wir einige praktische Kontexte, in denen Moralismusvorwürfe immer wieder erhoben werden. So heißt es oft, ein im Diskurs überhandnehmender Moralismus gefährde die Meinungsfreiheit. Und in Politik und Wirtschaft wird moralische Kritik manchmal als moralistisch zurückgewiesen, weil diese Bereiche angeblich von Moral gänzlich frei zu halten seien. In diesen Kontexten, so möchten wir zeigen, muss man einen genauen, differenzierten Blick auf die jeweiligen konkreten Einzelfälle werfen, um prüfen zu können, ob der Vorwurf des Moralismus berechtigt ist oder aber ob er missbraucht wird, um berechtigte moralische Anliegen abzuwehren.

In diesem Essay werden wir gelegentlich Beispiele für real existierenden Moralismus andeuten, diese aber nicht vertieft diskutieren. Reale Fälle von Moralismus sind vielschichtig und komplex. Sie bedürften einer ausgiebigen und differenzierten Analyse. Wir möchten hier vor allem die notwendigen Werkzeuge dafür bereitstellen, nicht aber die herangezogenen Beispiele bis ins Letzte ausdiskutieren. Wir haben die Hoffnung, dass die begriffliche und die moralphilosophische Analyse mehr Spielraum für Differenzierungen und Zwischentöne eröffnet – sowohl in den öffentlichen Debatten (einschließlich der Zeitdiagnose, die solchen Debatten generell Moralismus unterstellt) als auch im zwischenmenschlichen Umgang miteinander. Einige Vorschläge, wie man angesichts dieser Differenzierungen und Zwischentöne mit Moralismus und Moralismusvorwürfen umgehen sollte, skizzieren wir abschließend in Kapitel 6.

Doch beginnen wir am Anfang: Was genau ist Moralismus eigentlich?

2. Was ist Moralismus?

Wer über Moralismus diskutiert, nennt das Kind oft bei einem anderen Namen. Es ist dann die Rede von »Prinzipienreiterei«, »Rigorismus«, »Oberlehrertum«, »moralischem Schaulaufen«, »Moralprangern«, »Heuchelei« oder es wird jemandem vorgeworfen, etwas moralisch ungebührlich aufzuladen. Sind das alles lediglich lebhaftere Ausdrücke für ein und dasselbe Phänomen?

2.1 Moralismus als moralische Überreaktion

Die genannten Phänomene haben jedenfalls eine Sache gemeinsam: Sie sind im weitesten Sinne Reaktionen auf etwas, das die so reagierende Person für moralisch falsch hält oder das zumindest vorgibt. Wer oberlehrerhaft andere Menschen dafür tadelt, vor Kindern die leere Straße trotz roter Ampel zu überqueren, der reagiert auf etwas, das aus seiner Sicht ein moralisches Fehlverhalten darstellt. Wenn Annegret Kramp-Karrenbauer für einen verunglückten Faschingswitz, Margot Käßmann für Trunkenheit am Steuer oder Armin Laschet für unpassende Heiterkeit bei einem traurigen Anlass öffentlich angeprangert werden, so sind dies Reaktionen auf Verhaltensweisen oder Charakterzüge, die für verwerflich erachtet werden. Auch die manchmal als Moralismus verschriene Empörung von Fridays for Future kann als Reaktion auf als verfehlt angesehene gesellschaftliche Praktiken und Institutionen gedeutet werden. Manchmal bedürfen solche Reaktionen gar nicht vieler Worte: Auch der mahnende Zeigefinger, ein tadelnder Blick oder das Kopfschütteln kann zum Ausdruck bringen, dass man etwas für falsch hält.

Bei den Phänomenen, die oft als moralistisch angesehen werden, reagiert also eine Person mit Kritik, Vorwürfen, Appellen, Gesten oder Mienenspiel auf etwas, das sie für moralisch falsch hält. Insoweit umfasst diese Reaktion auch ein moralisches Urteil – dass nämlich etwas moralisch falsch ist und dass es diese negative Reaktion verdient. Ob das so Beurteilte *tatsächlich* falsch ist und ob es diese Reaktion *wirklich* verdient (ob das Urteil also zutrifft), ist eine andere Frage, die wir für den Moment zurückstellen. Worauf es zunächst ankommt, ist die kommunikative Wirkung: Mit dem in der verbalen oder nonverbalen Reaktion enthaltenen Urteil wird die moralische Qualität einer Person, Handlung, Praxis oder Institution thematisiert.

Das allein zeichnet Moralismus aber noch nicht aus. Denn solches finden wir auch bei vielen anderen moralischen Reaktionen auf Fehlverhalten. Auch wenn man dem Partner Untreue vorwirft, die Chefin dafür kritisiert, einen Kollegen bloßgestellt zu haben oder sich über den Passanten empört, der einer verletzten Obdachlosen nicht half, thematisiert man die moralische Qualität einer Person oder Handlung. Aber man würde es dennoch nicht als moralistisch bezeichnen.

Reaktionen, die unter Moralismusverdacht geraten, thematisieren die moralische Qualität hingegen auf eine verfehlte Weise und sind insofern *falsche* bzw. *fehlerhafte* Reaktionen. Wenn man mit »Das ist aber moralistisch.« auf diejenige Reaktion reagiert, die eine andere Person auf ein vermeintliches Fehlverhalten zeigt, dann macht man dieser anderen Person nämlich selbst einen Vorwurf. Man ist dann der Meinung, dass sie etwas falsch gemacht hat, indem sie so reagiert, wie sie reagiert. Und wenn dieser Vorwurf zutrifft (wenn also wirklich ein Fall von Moralismus vorliegt), hat die reagierende Person auch tatsächlich etwas falsch gemacht. Moralismus ist also eine Fehlreaktion.

Der Fehler der moralistischen Reaktion besteht unserer Ansicht nach in einer Art Übermäßigkeit oder Unverhältnismäßigkeit. Wenn man jemandem Moralismus vorhält, so kritisiert man ihn oder sie dafür, moralische Aspekte überzubetonen. Moralismus ist also eine *moralische Überreaktion* auf etwas, das für moralisch falsch gehalten wird – ein ›Zuviel an Moral‹ oder eine Art ›Überzogenheit in moralischen Dingen‹.[5] Die Dynamik des Moralismusvorwurfs lässt sich entsprechend in drei Schritten nachzeichnen:

1. Eine Person tut etwas.
2. Eine zweite Person hält dies für falsch und reagiert darauf mit einem moralischen Urteil.
3. Aus Sicht der ersten (oder auch einer dritten) Person stellt diese Reaktion der zweiten Person eine moralistische Überreaktion dar und ist damit verfehlt.

2.2 Zwei Arten von Moralismus

Es ist wichtig zu sehen, dass die Reaktion der zweiten Person auf das vermeintliche Fehlverhalten der ersten in zwei grundsätzlich verschiedenen Hinsichten verfehlt sein kann.

Erstens ist es möglich, dass das, was die zweite Person *sagt*, wenn sie urteilend auf das Verhalten der ersten reagiert, falsch – d. h. *nicht wahr* – ist. Ein Beispiel: Angenommen,

Sie haben gelogen. Ihr Nachbar geht davon aus, dass Lügen in jedem Fall (ungeachtet der Umstände und Folgen) moralisch verboten sind. Entsprechend glaubt er, dass Sie etwas falsch gemacht haben, und macht Ihnen einen Vorwurf. Tatsächlich fällt er damit aber ein inhaltlich unzutreffendes Urteil. Denn es gibt Situationen, in denen eine harmlose Lüge sehr wohl erlaubt ist (etwa um ein Menschenleben zu retten). Und Sie, so nehmen wir jetzt an, befanden sich in einer solchen Ausnahmesituation. Damit ist die Reaktion des Nachbarn insofern falsch, als das Urteil, Sie hätten etwas Falsches getan, gar nicht zutrifft. Es handelt sich insofern um eine Überreaktion, als seinem Urteil eine zu rigorose Vorstellung von moralischen Pflichten zugrunde liegt.

Es ist zweitens aber auch möglich, dass das, was der Nachbar *zusätzlich noch tut*, indem er urteilend auf Ihr Verhalten reagiert, falsch – d. h. *nicht richtig* – ist. Er könnte Sie zum Beispiel im Ton unangemessen scharf kritisiert haben oder gar nicht zuständig gewesen sein (etwa weil das Fehlverhalten nur Sie und Ihr Kind anging). Er könnte es in seiner Kritik auch offenkundig nur darauf angelegt haben, sich selbst zu beweihräuchern. Hier handelt es sich insofern um eine Überreaktion, als der Nachbar unverhältnismäßig scharf kritisiert, sich Zuständigkeit anmaßt, die er nicht hat, oder seine eigene moralische Überlegenheit zur Schau stellt. In diesen Fällen ist nicht der *Inhalt* des moralischen Urteils, sondern der *Akt der Urteilsäußerung*, also die Art der Kommunikation des Urteils, falsch. Der Nachbar *macht* mit seiner Äußerung etwas falsch.

Nun ist es aber möglich, etwas Wahres zu sagen und damit dennoch etwas falsch zu machen. D. h., die beiden Fehler müssen nicht zugleich vorliegen: Der Nachbar kann etwas falsch machen, obwohl das, was er sagt, wahr ist – obwohl er also der Sache nach recht hat. Tatsächlich scheint das bei Moralismus oft der Fall zu sein: Wer den Abend unter Freunden mit dem Hinweis darauf verdirbt, dass der Genuss dieses (extrem teuren) Rotweins doch angesichts der grassierenden Weltarmut moralisch nicht vertretbar sei, oder wer aus dem Küchenfenster heraus Fahrradfahrerinnen zurechtweist, nicht auf der falschen Seite zu fahren, der hat in einer Hinsicht nicht ganz unrecht. Doch hätte er dies auch freundlicher ausdrücken können: »Der Sache nach hast du recht, *aber* …«. Oft ist das Problem also nicht das, *was* Moralistinnen sagen – sondern *wie* sie es sagen oder dass sie es gerade *jetzt* sagen oder dass gerade *sie* es sagen.

Es ist wichtig, die Unterscheidung zwischen diesen beiden Arten von Moralismus im Blick zu behalten. Denn die angemessene Reaktion darauf fällt jeweils unterschiedlich aus. Wenn das moralistische Urteil aus inhaltlichen Gründen verfehlt ist, dann kann man sich inhaltlich damit auseinandersetzen und z. B. Argumente gegen rigorose Moralvorstellungen anführen. Wenn die Verfehlung hingegen im Akt der Urteilsäußerung selbst liegt, dann sollte man eher die Art und Weise, wie jemand das Urteil kommuniziert hat, zum Thema machen und kann inhaltliche Auseinandersetzungen, ob die Person recht hat oder nicht, ausklammern.

Deutlich wird hier auch: Der Streit darüber, wann eine bestimmte Reaktion moralistisch ist und wann nicht, ist oft ein innermoralischer Streit. Denn ob jemand nun *tatsächlich* einen der beiden Fehler begangen hat, hängt von zweierlei ab: zum einen davon, ob sein moralisches Urteil zutrifft, d. h., ob das von ihm für moralisch falsch Gehaltene also auch tatsächlich moralisch falsch ist, und zum anderen davon, ob er etwas falsch macht, indem er so urteilt, d. h., ob der Akt der Urteilsäußerung selbst falsch ist. Für beide Formen spielt es eine Rolle, was man jeweils für moralisch gerechtfertigt hält, und darüber gibt es unterschiedliche wohlbegründete Vorstellungen. Insofern sind die Fragen, ob eine Reaktion moralistisch ist und welche Reaktion wiederum auf diese Reaktion angemessen wäre, an weitere moralische Fragen geknüpft. Das unterstreicht noch einmal die Beobachtung aus dem vorigen Kapitel: Wo Moralismus diagnostiziert wird, wird das moralische Sprechen selbst in moralischer Hinsicht thematisiert. Es geht dann darum, moralisch zu beurteilen, ob und wie stark man moralisch urteilen und kritisieren sollte. Und dabei kann man offenbar verschiedene Fehler machen.

2.3 Prinzipienreiterei, Moralpranger und moralisches Aufladen

Betrachten wir nun etwas genauer einige Beispiele für die erste Art von Fehler, also inhaltlich überzogene moralische Urteile.

Prinzipienreiterei: Eine erste Weise, mit einem inhaltlich falschen Urteil moralisch überzureagieren, besteht in einer Art inhaltlicher Komplexitätsreduktion. Jemand reagiert schematisch auf ganz bestimmte moralische Aspekte einer Situation, etwa auf die Tatsache, dass es sich um eine Lüge handelt. Er fällt dann pauschale, einseitige Urteile, die andere moralische Aspekte der Situation möglicherweise nicht adäquat berücksichtigen. Eine komplexe moralische Sachlage wird dabei oft schablonenhaft vereinfacht. Das führt zu inhaltlichen Übertreibungen im moralischen Urteil, die wir mit Prinzipienreiterei, Rigorismus, moralischer Kompromisslosigkeit oder Schwarz-Weiß-Malerei verbinden: Man dürfe niemals lügen, müsse vollständig vegan leben, dürfe kein Auto fahren. Der Fehler liegt hier im Inhalt des moralischen Urteils. Man hält etwas für moralisch verboten, was in Wahrheit moralisch erlaubt ist, oder man hält etwas für moralisch geboten, was in Wahrheit moralisch erlaubt und vielleicht wünschenswert, aber eben nicht geboten ist.

Moralpranger: Eine zweite Weise, mit einem inhaltlich falschen Urteil moralisch überzureagieren, besteht darin, inhaltlich zu harsche Kritik oder zu weitgehende Vorwürfe zu äußern. Wer eine harmlose Lüge wie einen schweren Verrat behandelt oder eine Person, die sich angetrunken ins Auto gesetzt hat, in einer Weise zusammenstaucht, wie sie eigentlich für Kriegsverbrecher angemessen wäre, der bauscht eine relativ geringe moralische Verfehlung mit seiner Reaktion auf. Wer so skandalisiert, brandmarkt oder anprangert, schätzt den Stellenwert der Verfehlung falsch ein. Nicht das Urteil, *dass* etwas moralisch falsch ist, sondern das Urteil darüber, *wie* falsch es ist, ist hier unzutreffend. Auch dies ist ein Fehler der ersten Art, der den Inhalt des moralischen Urteils betrifft. Man macht aus einer moralischen Mücke einen moralischen Elefanten.

In aller Regel zieht das auch einen Fehler der zweiten Art nach sich. Zwar ist es denkbar, die inhaltlich unzutreffende Überzeugung auch nüchtern ohne Geschrei zu äußern (»Ich will das nicht dramatisieren; ich denke nur, dass es tatsächlich ein sehr schweres Vergehen ist, ähnlich einem Kriegsverbrechen«). Die meisten Menschen werden ihr Urteil jedoch in einer Art und Weise äußern, die den empfundenen Stellenwert der Verfehlung reflektiert. Und wenn die Verfehlung übersteigert herausgestellt wird, fällt auch die Äußerung entsprechend überzogen aus. Geschrei, Erregung und Echauffiertheit sind ja charakteristisch dafür, dass man etwas skandalisiert, brandmarkt oder anprangert. Es geht dabei gerade darum, ein Vergehen durch Erregung der Aufmerksamkeit öffentlich zu inszenieren. Das so geäußerte, inhaltlich unzutreffende kritisierende Urteil hat etwas Demütigendes. Es zielt auf die Herabsetzung der kritisierten Person. Dabei wird auch zusätzlich etwas mit dem Akt der Urteilsäußerung als solchem falsch gemacht. Es liegt dann eine Mischung aus beiden Arten von Fehlern vor.

Moralisches Aufladen: Eine dritte Weise, mit einem inhaltlich falschen Urteil moralisch überzureagieren, besteht darin, moralische Aspekte überall – insbesondere auch an den falschen Stellen, an denen Moral gar nichts zu suchen hat – zu thematisieren. Nach Meinung mancher gehe es in der Kunst nur um das Schöne, im Sport nur um die Leistung, in der Wirtschaft nur ums Geldverdienen und in der Politik nur um Macht. Und wer ein Kunstwerk kritisiert, das wohlwollend einen Mord darstellt, der Boxerin Vorwürfe macht, ihre Gegnerin (technisch brillant und regelkonform) ausgeknockt zu haben, die Spitzengehälter von Führungskräften für unmoralisch hält oder einem Staat vorhält, in der Außenpolitik seinen moralischen Verpflichtungen nicht nachzukommen, der moralisiere diese moralfreien Sphären. Dieses Verständnis scheint auch durch, wenn man jemanden als moralistisch bezeichnet, weil er die Frage, ob man für den Netflix-Abend Kartoffelchips oder Salzstangen kaufen soll, zur moralischen Gewissensfrage stilisiert.

Wenn eine Sache in der beschriebenen Weise moralisch aufgeladen wird, dann ist das moralische Urteil aufgrund seines Inhalts in einer besonderen Weise verfehlt: Indem man moralische Aspekte dort thematisiert, wo Moral gar nichts zu suchen habe, macht man diesem Verständnis zufolge etwas zu einer moralischen Angelegenheit, das eigentlich gar keine moralische Angelegenheit sei. Wir hätten es also mit einer Art von kategorialer Deplatziertheit zu tun – ganz so, als würde man in einer juristischen Auseinandersetzung zur Frage, ob die Kündigung rechtens war, ästhetische Aspekte wie das Layout oder die Papierqualität des Kündigungsschreibens ins Spiel bringen: Man verfehlt das Thema.

Allerdings kann nicht gemeint sein, dass es völlig moralfreie Sphären in dem Sinne gibt, dass Beurteilungen mit moralischen Kategorien in solchen Bereichen gar nichts zu suchen haben. Das ergibt sich aus der Logik derjenigen Begriffe, mit denen wir über moralische Fragen nachdenken. Denn für *jede* Handlung gilt, dass sie entweder moralisch verboten oder aber moralisch zulässig ist (dass die Handlung moralisch zulässig ist, kann dabei auch bedeuten, dass sie moralisch geboten ist, denn alles Gebotene ist auch zulässig). Entweder man darf es oder man darf es nicht. Das scheint notwendig zu gelten, ebenso wie »Entweder ändert sich das Wetter oder es bleibt wie es ist«. Doch wenn jede Handlung entweder moralisch verboten oder moralisch zulässig ist, dann hat *jede* Handlung auch eine moralische Qualität. Keine Handlung ist der moralischen Beurteilung also gänzlich entzogen. In diesem Sinne ist die Moral einfach immer und überall.

Gemeint ist mit moralfreien Sphären wohl eher, dass in

solchen Sphären alle Handlungen gleichermaßen moralisch zulässig sind, keine jedoch verboten oder geboten ist. Unabhängig davon, ob man zu den Chips oder den Salzstangen greift, beides ist einfach erlaubt. Der Fehler, hier bestimmte Handlungen moralisch aufzuladen, bestünde dann darin, dass jemand eine Handlung für moralisch geboten oder verboten hält, die in Wahrheit weder verboten noch geboten, sondern einfach nur erlaubt ist. Im Sport ist es der Boxerin eben moralisch erlaubt, ihre Gegnerin auszuknocken, und in der Kunst darf man Gewalt idealisieren. Wer hier moralische Vorwürfe erhebt, fällt ein überzogenes Urteil, weil er etwas Erlaubtes für moralisch verboten hält. Der Art nach wäre das derselbe Fehler, den auch die Prinzipienreiterin begeht. Lädt jemand seine Äußerungen moralisch auf, lässt sich dieser Fehler allerdings zurückführen auf eine spezifische Überbetonung moralischer Aspekte gegenüber außermoralischen Aspekten. Zwar ist die Moral immer und überall, aber moralische Erwägungen haben nicht überall auch dasselbe Gewicht. In einigen Bereichen spielen sie eine wichtige, vielleicht gar alles übertrumpfende, in anderen Sphären nur eine untergeordnete Rolle. So verstanden lädt man etwas dann mit einer Reaktion moralisch auf, wenn das zugrunde liegende Urteil moralischen Aspekten einen überhöhten Stellenwert einräumt, den sie in diesem Kontext gar nicht haben. Womöglich stellt das Kunstwerk den Mord ja tatsächlich zu wohlwollend dar; doch angesichts des überragenden ästhetischen Werts verblasst die Bedeutung des moralischen Aspekts, so dass eine moralische Kritik alles in allem betrachtet nicht angemessen ist. Man kann diese Spielart des Moralismus als übergroße Gewichtung moralischer Erwägungen verstehen.

2.4 Moralisches Schaulaufen, Oberlehrertum und moralische Übergriffigkeit

Betrachten wir nun einige Beispiele für die zweite Art von Fehlern, also eine Überzogenheit in der moralischen Kommunikation.

Moralisches Schaulaufen: Man kann mit dem Akt der moralischen Urteilsäußerung etwas falsch machen, indem man mit seinem Urteil eine unangemessene Haltung zum Ausdruck bringt. Hier kommt zunächst eine bestimmte Form von Selbstbezogenheit in den Sinn, die mit Ausdrücken wie »Tugendprotzerin«, »moralischer Wichtigtuer«, »*virtue signalling*« oder »*moral grandstanding*« bezeichnet wird.[6] Wird jemandem in diesem Sinne Moralismus vorgehalten, besteht der Vorwurf darin, dass er oder sie sich moralisch inszeniere und selbstgerecht sei. Die meisten Klimaaktivistinnen und Veganer wissen ein Lied davon zu singen. Oft genug wird ihnen unterstellt, es würde ihnen in Wahrheit lediglich um sich selbst, und nicht – wie sie vorgeben – um das Wohl und Verhalten anderer gehen; angeblich wollten sie selbst besser dastehen und ihr moralisches Geltungsbedürfnis befriedigen. Wenn diese Unterstellung zutrifft, dann besteht die moralische Überreaktion darin, dass hier jemand seine eigene Tugendhaftigkeit übermäßig zur Schau stellt.

Ob diese Unterstellungen zutreffen, ist im Einzelfall schwer zu sagen. Denn von einigen offenkundigen sprachlichen Signalen (etwa der Betonung des ›ich‹ in »Also *ich* würde so etwas Verwerfliches ja nie tun«) abgesehen, hängt viel an dem Motiv, mit dem eine Person das kritisierende moralische Urteil äußert. Tut sie es aus selbstbezogenen Beweggründen wie Eitelkeit, Selbstverliebtheit, Dünkel oder dem Wunsch nach möglichst wirksamer Selbstdarstellung? Es erfordert viel moralischen Feinsinn, dies festzustellen. Leichter lässt sich herausbekommen, ob jemand selbst das tut, was er von anderen fordert, oder ob er Wasser predigt, aber Wein trinkt. Der entsprechende Vorwurf, sich hier auf der Grundlage einer Doppelmoral scheinheilig oder heuchlerisch zu verhalten, wird manchmal in einem Atemzug mit dem Moralismusvorwurf erhoben, etwa gegenüber Klimaaktivistinnen: »Klar, erst die ganze Woche über im CO_2-intensiven Internetversandhandel shoppen, freitags fein demonstrieren und samstags dann mit dem Auto in die Berge fahren. Diese Moralisten wollen sich doch nur aufplustern.« Ist die Heuchlerin also auch eine Moralistin im hier diskutierten Sinne?

An dieser Stelle kommt es dann doch wieder auf die eigentliche Absicht an. Dass man Wasser predigt, aber Wein trinkt, kann nämlich auch auf fehlendes Wissen oder Willensschwäche zurückgehen: Die predigende Klimaaktivistin glaubt vielleicht wirklich, dass alle klimabewusst leben sollten, und will das auch selbst tun. Womöglich aber weiß sie zu wenig über die CO_2-Bilanz des Versandhandels oder kann der Versuchung, aus Bequemlichkeit das Auto anstelle der Bahn zu nehmen, nicht widerstehen. Sie schafft es dann eben nur nicht, ihre hehren Absichten auch in die Tat umzusetzen. Das ist bedauerlich, hat aber mit Moralismus nichts zu tun.

Bei waschechter Heuchelei jedoch liegt eine Täuschungs- oder Verschleierungsabsicht vor – und die ist selbstbezogen. Der Heuchler möchte seine eigenen Fehler kaschieren und so in den Augen anderer besser dastehen, als er in Wahrheit ist. Er macht sich dabei den universellen Geltungsanspruch moralischer Gebote zunutze. Wer aber mit moralischem Gestus Wasser predigt, von dem erwarten andere eben, dass er auch selbst Wasser trinkt, weil moralische Gebote doch für alle gelten – also auch für den Predigenden. Wenn er dann tatsächlich heimlich Wein trinkt, nehmen andere ihn als moralisch besser wahr, als er tatsächlich ist. Und genau dies will der Heuchler. Heuchelei ist insofern eine Variante des moralistischen Schaulaufens, als es dem Heuchler bei seiner moralischen Ermahnung anderer letztlich nur um ihn selbst geht.

Doch was ist aus moralischer Sicht überhaupt so problematisch daran, als Tugendprotzerin, Wichtigtuer oder Heuchlerin moralische Kritik selbstbezogen zu äußern? Darauf gibt es zwei Antworten: Man kann entweder erklären, wie das zugrunde liegende Motiv aus sich heraus das Äußern eines moralischen Urteils moralisch problematisch macht. Vielleicht ist ja *alles*, was wir aus selbstbezogenen Motiven tun, bereits *aus diesem Grund* moralisch anrüchig. Oder aber man erklärt, was hier problematisch sein könnte, ausgehend von den negativen Folgen, die sich ergeben, wenn andere Personen den Eindruck bekommen, moralische Kritik werde aus reiner Selbstbezogenheit geäußert. Vielleicht hält die Selbstbezogenheit andere ja davon ab, der moralischen Botschaft Beachtung zu schenken und sich mit ihr inhaltlich auseinanderzusetzen. Das wäre dann eine empirisch zu beantwortende Frage. Es ist immerhin auch denkbar, dass die Zurschaustellung der eigenen Tugendhaftigkeit gerade als Vorbild dient und dazu anregt, sich inhaltlich mit dem Problem auseinanderzusetzen, daraus Konsequenzen zu ziehen und sich selbst zu verändern. Die moralphilosophische Analyse ist an dieser Stelle auf empirische Untersuchungen moralischer Diskurse angewiesen.

Oberlehrertum: Selbstbezogenheit ist aber nicht die einzige überzogene Haltung, mit der man etwas falsch machen kann, wenn man ein Urteil äußert (selbst wenn man dabei die Wahrheit sagt). Ausdrücke wie ›Moralapostel‹ oder ›Oberlehrerin‹ bringen eine andere Form der moralistischen Verfehlung ins Spiel, nämlich Überheblichkeit im moralischen Urteil. Wer anderen gegenüber eine belehrende oder predigende Haltung in Dingen der Moral einnimmt, erhöht sich selbst und stellt sich über andere, indem er eine überzogene Autoritätsrolle in Anspruch nimmt. Ein solcher Moralist reitet nicht auf Prinzipien herum, wohl aber auf einem hohen Ross. Im Unterschied zur vorher diskutierten Selbstbezogenheit zielt die überhebliche Haltung weniger darauf, um Anerkennung buhlend die *eigene Person aufzuwerten*, als vielmehr darauf, herablassend *andere Personen abzuwerten*.

Überheblichkeit ist auch bei überzogener moralischer Gewissheit im Spiel, wenn man also seine eigene Fehlbarkeit in moralischen Dingen unterschätzt. Manch moralisches Problem ist verzwickt: Ist es geboten, keine tierischen Erzeugnisse zu konsumieren? Ist es moralisch zulässig, an öffentlichen Plätzen eine automatische Videoüberwachung zu installieren? Die moralische Gemengelage ist komplex, denn oft ist unsicher, wie bestimmte moralische Aspekte einzuschätzen sind, ob z. B. der Stress oder die erhöhte Sterblichkeit von Bienen in der Honigindustrie moralisch von Belang sind. Zudem ist umstritten, wie bestimmte moralische Gesichtspunkte gegenüber anderen abzuwägen sind, etwa Freiheit gegenüber Sicherheit. Es ist auch offen, ob und wie weit sich diese moralischen Ungewissheiten eindeutig und wohlbegründet auflösen lassen. Wer dann im Gestus überbordender Gewissheit ein Urteil fällt, lässt die bestehenden moralischen Unsicherheiten unter den Tisch fallen und unterschätzt das Risiko, mit seinem Urteil auch falschliegen zu können. In solch einem Fall bestünde die Überheblichkeit in einer verfehlten Haltung gegenüber sich selbst anstatt gegenüber anderen. Man überschätzt sich selbst, wenn man etwas als unproblematisch gewiss erachtet, was in Wahrheit ungewiss ist. Selbst wenn man mit seinem Urteil im Endeffekt richtigliegt, hat man auf die bestehende moralische Unsicherheit nicht richtig reagiert. Man macht es sich in gewisser Hinsicht zu einfach.

Moralische Übergriffigkeit: Eine dritte Weise, wie man mit dem Akt der moralischen Urteilsäußerung etwas falsch machen kann, hat eher etwas mit einer Art Kompetenzüberschreitung oder überzogener Anmaßung von Zuständigkeit zu tun. Angenommen, Ihr Nachbar und Sie kennen sich nur flüchtig; er wirft Ihnen aber vor, ein Versprechen gegenüber Ihrer besten Freundin gebrochen zu haben: »Das war aber ganz falsch von Ihnen und unverzeihlich!« Selbst wenn er mit dem Urteil über die falsche Handlung inhaltlich recht haben sollte, so scheint dies doch eine Angelegenheit allein zwischen Ihnen und Ihrer Freundin zu sein; der Nachbar ist hier schlicht nicht zuständig – *Ihre Freundin* muss entscheiden, was sie Ihnen verzeiht und was sie Ihnen vorwirft. Indem der Nachbar hier jedoch ein Urteil abgibt, maßt er sich eine solche Zuständigkeit an.[7]

Sie können diese Anmaßung zurückweisen, indem Sie dem Nachbarn überzogenen Moralismus vorwerfen. Der Vorwurf zielt dann aber nicht auf Selbstbezogenheit oder

Überheblichkeit, sondern darauf, dass Ihr Nachbar seine Kompetenzen überschreitet. Tatsächlich kann man bei dieser Variante moralistischer Kritik oft eine besonders vehemente Reaktion der kritisierten Person beobachten. Denn diese Anmaßung bei fehlender Zuständigkeit ist eine Form von Übergriffigkeit: Der andere sollte sich, eben weil er nicht zuständig ist, doch lieber aus der Sache heraushalten. Er hat sich mit seiner Äußerung aber eingemischt. Viele Menschen empfinden eine solche Einmischung als Gängelung – und setzen sich entsprechend heftig zur Wehr. In der Sixtinischen Kapelle ließ sich beobachten, wie ein (deutscher) Tourist den zahlreichen ›Foto verboten‹-Schildern Nachdruck verlieh und dem anwesenden Wachpersonal unterstützend zur Seite sprang, indem er alle Touristen, die das Deckengemälde trotzdem heimlich fotografierten, mit wild fuchtelndem Zeigefinger und einem vehementen »No photo, no photo!« davon abzubringen versuchte. Diese Anmaßung von Autorität wurde nicht nur mit Stirnrunzeln, sondern mit offener Verärgerung und wütenden Entgegnungen quittiert.

Zwischen den drei Varianten der zweiten Art von Moralismus bestehen fließende Übergänge: Selbstbezogenheit kann zu mehr Überheblichkeit führen und schließlich in Anmaßung münden. Menschen sind psychologisch gesehen komplex, und in der Realität ist nicht immer eindeutig zu erkennen, was genau beim moralistischen Urteilen schiefgelaufen ist. Manchmal (etwa in den bereits angesprochenen Fällen, in denen ein bestimmtes Verhalten angeprangert wird) begegnen uns auch beide Arten von Moralismus in Kombination: Ein inhaltlich überzogenes moralisches Urteil wird auch noch auf überzogene Weise kommuniziert. Manche Moralistinnen und Moralisten punkten sozusagen in allen Bereichen. Das sollte aber nicht darüber hinwegtäuschen, dass sie eben mehrere und mehrere voneinander verschiedene Fehler begehen.

2.5 Eine Arbeitsdefinition

Moralismus kann, wie wir gesehen haben, in mehreren verschiedenen Spielarten auftreten. Die Kritik, jemand würde sich moralistisch verhalten, richtet sich also keineswegs immer auf dasselbe Verhalten. Es ist wichtig, diese Vielfalt im Blick zu behalten, um angemessen auf die einzelnen Erscheinungsweisen reagieren zu können.

Bei aller Vielfalt bestehen jedoch mindestens zwei Gemeinsamkeiten. Erstens handelt es sich bei allen diskutierten Spielarten des Moralismus um moralische Überreaktionen: Eine Person reagiert auf etwas, das sie für moralisch falsch hält; diese Reaktion ist aber überzogen, also selbst in einer bestimmten Weise defizient. Das unterscheidet moralistische Kritik gerade von nicht überzogener moralischer Kritik.

Zweitens haben die diskutierten Spielarten außerdem gemeinsam, dass die Reaktion die moralische Qualität einer Handlung, Person, Praxis oder Institution gegenüber anderen Personen offen thematisiert. Die verfehlte Reaktion besteht ja nicht darin, dass die reagierende Person sich der Diskussion einfach entzieht, dass sie die kritisierte Person den Behörden ausliefert oder ihr gar Gewalt antut. Moralistinnen reagieren vielmehr mit einem Vorwurf, einer Kritik, einer Geste oder Mimik – jedenfalls mit etwas, das selbst ein moralisches Urteil über die moralische Qualität des Gegenstands ausdrückt.

Moralismus besteht also in einer moralischen Fehlreaktion, mit der die moralische Qualität einer Handlung, Person, Praxis oder Institution auf überzogene Weise thematisiert wird. Diese moralische Überreaktion, so hatten wir herausgearbeitet, kann verschiedene Formen annehmen. Verschiedene Varianten des Moralismus sind daher auf verschiedene Weisen defizient. Ein solches Verständnis von Moralismus werden wir unseren Überlegungen im Folgenden zugrunde legen.

Nun ist aber nicht jede Fehlreaktion auch bereits *moralisch* verfehlt. Wenn man sich trotz ausführlicher Erklärungen immer noch nicht an die Regeln hält, dass man ›zusammenschreibt‹ korrekterweise zusammen- und nicht getrennt schreibt oder dass eine Aussage und ihr Gegenteil nicht zugleich wahr sein können, so reagiert man auch fehlerhaft: Man setzt das Erklärte nicht um und verstößt weiterhin gegen die Regeln der Rechtschreibung bzw. Logik. Ein solches Verhalten verdient vielleicht schlechte Noten, aber keinen moralischen Vorwurf.

Wir hatten allerdings bereits festgestellt, dass die Behauptung, dies oder jenes sei Moralismus, üblicherweise selbst den Charakter eines moralischen Vorwurfs hat: Moralisten und Moralistinnen machen einen *moralischen* Fehler. Wir müssen daher noch genauer untersuchen, ob und warum ihre Fehlreaktionen auch in moralischer Hinsicht so problematisch sind, dass sie moralische Vorwürfe verdienen. Was genau macht die verschiedenen Formen moralistischer Überzogenheit also jeweils moralisch problematisch? Um diese Frage soll es im nächsten Kapitel gehen.

3. Was ist falsch am Moralismus?

Moralismus übertreibt es mit der Moral. Wie gerade beschrieben kann dabei entweder das moralische Urteil selbst oder aber die Art und Weise seiner Kommunikation überzogen sein. Beide Übertreibungen beruhen meist auf falschen Überzeugungen, d. h. auf epistemischen Fehlern. Moralistinnen täuschen sich darüber, was moralisch richtig und falsch ist, oder sie täuschen sich darüber, was eine richtige Art und Weise ist, moralische Urteile zu kommunizieren. Sie haben falsche Überzeugungen, so wie jemand in der Mathematik oder Physik falsche Überzeugungen hat, wenn er die Rechenregeln oder physikalischen Gesetze nicht richtig kennt.

Normalerweise zielt man jedoch nicht auf diese epistemischen Fehler im Sinne falscher, d. h. unzutreffender Überzeugungen, wenn man danach fragt, was falsch am Moralismus ist. Man möchte vielmehr wissen, was dezidiert *moralisch* falsch daran ist, moralistisch zu sein oder moralistisch zu urteilen, und warum es angemessen sein kann, anderen Menschen ihren Moralismus vorzuwerfen. Man macht in der Wissenschaft seine Mitmenschen vielleicht auf Rechenfehler und die fehlerhafte Anwendung physikalischer Gesetze aufmerksam, aber man wirft ihnen diese Fehler zumindest außerhalb von Klassenräumen und Laboren nicht vor. Der Grund dafür besteht darin, dass mit diesen Fehlern (zumindest normalerweise) keine besonderen Schädigungen und moralischen Probleme verbunden sind.

Das ist bei moralistischen Fehlern anders: Moralistische Urteile sind selbst moralische Urteile, d. h., es geht in ihnen inhaltlich unmittelbar um Moral. Diese Urteile sind, wie gesagt, inhaltlich unzutreffend, weil sich Moralistinnen in Bezug darauf irren, welche Handlungen moralisch richtig und falsch sind oder wie man moralische Urteile auf moralisch richtige Weise kommuniziert. Wenn man dann *gemäß* einer solchen unzutreffenden Überzeugung handelt und beispielsweise überzogene Kritik äußert, dann *macht* man *moralisch* etwas falsch. Fehler im moralischen Urteil gehen also unmittelbar auch mit moralischen Problemen einher.

Wie lassen sich diese Probleme genauer beschreiben?

3.1 Moralische Fehler des Moralismus

Moralische Probleme lassen sich mit Blick auf die westliche Geschichte der Moraltheorie auf drei Quellen zurückführen: Erstens können diese Probleme im Charakter eines Menschen gründen, wie die Tugendethik argumentiert. Zweitens können sie unmittelbar mit den Handlungsgrundsätzen und dem Handlungsvollzug zu tun haben, wie die Pflichtenethik betont. Drittens ist es möglich, dass Handlungen aufgrund ihrer Konsequenzen moralisch problematisch sind, wie der Konsequentialismus behauptet.

Wir möchten uns hier nicht gegenüber den verschiedenen Traditionen der Moraltheorie positionieren. Vielmehr geht es uns darum, eher allgemein aufzuzeigen, in welcher Hinsicht die epistemischen Fehler in moralistischen Urteilen mit Blick auf Charakter, Handlungsgrundsätze und Handlungsfolgen moralisch problematisch sind und zu moralischen Fehlern werden. In Bezug auf den Charakter ist das relativ offensichtlich. Wenn ein Mensch überzogene moralische Urteile fällt, dann mangelt es ihm wahrscheinlich an Tugenden wie Weisheit, Besonnenheit oder Urteilskraft. Wenn derselbe oder ein anderer Mensch moralische Urteile übermäßig kritisch oder bei unpassenden Gelegenheiten fällt, dann mangelt es ihm zudem an Einfühlungsvermögen oder Milde.

Wenn man Moralismus kritisiert, geht es allerdings zumeist nicht darum, moralisierenden Menschen ihre Charaktermängel vorzuhalten. Das liegt vielleicht auch daran, dass es in der öffentlichen Beurteilung von Menschen weniger darauf ankommt, wie sie sind, als vielmehr darauf, was sie tun – dass sie nämlich moralisch richtig handeln. Daraus ergibt sich die Frage, welche moralischen Fehler in den Handlungsgrundsätzen eines moralisierenden Akteurs oder den Folgen seines Tuns vorliegen könnten. Was also ist moralisch falsch daran, zu einem moralistischen Urteil zu kommen oder moralische Urteile überzogen zu kommunizieren?

Ein erstes moralisches Problem überzogener Urteile liegt darin, dass sie häufig respektlos sind. Sie vernachlässigen etwa die besondere Lebenslage anderer Menschen oder andere situative Gesichtspunkte, die bei dem Urteil berücksichtigt werden sollten. Sie übergehen also normative Gründe für angemessene Urteile, weil sie andere Menschen in ihrer individuellen Besonderheit nicht angemessen berücksichtigen. Das ist beispielsweise der Fall, wenn ein Umweltschützer darüber hinwegsieht, dass manche Menschen auf ein Auto als Verkehrsmittel angewiesen sind, oder wenn bei der Bewertung des Verhaltens extrem gestresster Menschen deren starke Belastung vernachlässigt wird. Gerade im Falle der Prinzipienreiterei werden moralische Urteile gefällt, die nicht nur überzogen, sondern auch respektlos sind, weil sie zum Ausdruck bringen, dass die individuellen Umstände und die daraus erwachsenden normativen Gründe belanglos sind.

Bei der überzogenen Kommunikation moralischer Urteile kommt noch ein anderes Problem hinzu: Oft dienen solche moralistischen Äußerungen bestimmten Zwecken, die wenig mit ernstgemeinter moralischer Kritik und mehr mit der moralisierenden Person zu tun haben. Solch eine Person will vielleicht nur von eigenen Verfehlungen ablenken, sich auf narzisstische Weise selbst als besonders moralisch darstellen oder einfach nur ihr unsympathische Menschen verächtlich machen. Gerade in Fällen von moralischem Schaulaufen, Oberlehrertum und moralischer Übergriffigkeit liegt eine Respektlosigkeit gegenüber den kritisierten Menschen vor, weil sie ohne ihre Zustimmung für bestimmte Zwecke als Mittel benutzt werden.

Respektlosigkeit und Instrumentalisierung als bloße Mittel stellen durchaus gravierende moralische Probleme dar. Doch häufig hat das, was Moralismus moralisch problematisch macht, eher damit zu tun, dass er auf irgendeine Weise negative Konsequenzen hat: Moralismus schädigt auf direkte oder indirekte Weise, also unmittelbar aus der moralistischen Äußerung oder vermittelt über eine Kausalkette. Wer auf einer Hochzeitsfeier zu einer langen Rede darüber ansetzt, wie verwerflich es sei, gerade an so einem Tag den Gästen gebratenes Tierfleisch anzubieten, beleidigt das frischverheiratete Ehepaar und ruiniert im schlimmsten Fall ihre Hochzeitsfeier. Das schädigt direkt. Indirekt schädigend hingegen ist der Moralismus etwa dann, wenn er letztlich von tatsächlichen Problemen ablenkt. Beim Klimawandel beispielsweise kann Moralismus dazu führen, dass man nicht mehr gemeinsam nach effektiven Lösungen sucht, sondern sich in einem Disput darüber verliert, wer hier unmoralisch und wer übermäßig moralistisch agiert.

Einige dieser negativen Konsequenzen möchten wir nun etwas genauer betrachten. Als zentrale direkte Schädigungen moralistischer Äußerungen sind sicherlich emotionale Verletzungen, Beleidigungen und die Zerstörung sozialer Strukturen zu nennen. Indirekte Schädigungen erfahren gerade in der öffentlichen Diskussion eine besondere Aufmerksamkeit. Hier wird immer wieder diskutiert, dass Moralismus von den eigentlichen Problemen ablenkt, die Meinungsfreiheit verletzt oder sogar die Grundlagen des friedlichen Zusammenlebens untergräbt.

3.2. Direkte Schädigungen durch Moralismus

Eine direkte Schädigung kann darin bestehen, dass moralische Vorhaltungen und Vorwürfe emotional verletzen und sogar beleidigen können. Wenn moralische Vorwürfe berechtigt sind und angemessen kommuniziert werden, dann müssen die Betroffenen diese Schädigungen wohl akzeptieren, weil sie letztlich ja selbstverschuldet sind. Bekommt eine Raserin zum Beispiel zu hören, dass ihr Verhalten rücksichtslos ist sowie Gesundheit und Leben anderer gefährdet, dann muss sie das ertragen, auch wenn sie das persönlich trifft und ihr unangenehm ist.

Anders ist das bei moralistischen Vorwürfen. Entweder ist das ihnen zugrunde liegende Urteil überzogen oder dieses Urteil wird überzogen kommuniziert. Schädigungen durch solche Vorwürfe gehen also nicht vollumfänglich auf ein Selbstverschulden desjenigen zurück, dem Vorwürfe gemacht werden. Oft stehen diese Vorwürfe in keinem Verhältnis zu der tatsächlichen Schuld.

Wenn jemand etwa im Supermarkt beim Kauf von Fleisch lauthals als Tiermörder beschimpft wird, dann ist sowohl das zugrunde liegende Urteil als auch die Form der Kommunikation überzogen. Die betroffene Person hat keine Tiere ermordet oder getötet, zumindest liefert der Fleischkauf dafür keinen Beweis. Ob es Mord an Tieren überhaupt geben kann, ist eine philosophisch interessante und nicht ganz leicht zu beantwortende Frage. Möglicherweise könnte man sagen, dass die Person mit ihrem Kauf zur Tötung von Tieren beiträgt, die Tötung ermöglicht oder zur Ermöglichung der Tötung beiträgt. Das Urteil »Tiermörder!« ist jedenfalls unter Berücksichtigung der Schwere des (vermeintlichen) Vergehens überzogen. Die öffentliche und lautstark-aggressive Anklage stellt den Fleischkäufer zudem in einer Weise bloß, die als solche besonders rechtfertigungsbedürftig wäre. Damit wäre auch die Art der Kommunikation des ohnehin bereits überzogenen Urteils überzogen. Man kann sich leicht vorstellen, dass die so beschimpfte Person ziemlich getroffen und verletzt ist. Dann stellt solch ein moralistischer Angriff durchaus eine direkte Schädigung dar.

Doch warum sind moralische und moralistische Vorwürfe überhaupt verletzend? Es wäre ja auch denkbar, dass jemand solche Vorwürfe einfach nur zur Kenntnis nimmt, mit den Schultern zuckt und ansonsten nicht weiter davon betroffen ist. Verbale Vorwürfe verletzen also nicht auf die gleiche, unausweichliche Weise wie es physische Gewalt tut. Dennoch tun Worte manchmal weh, wenn sie nämlich die Integrität eines Menschen verletzen, d. h. sein wertebasiertes Selbstbild angreifen. Wenn man einem Menschen einen moralischen Vorwurf macht, dann behauptet man damit entweder, dass er falsche moralische Wertvorstellungen hat, oder dass er sich an seine eigenen nicht hält. Beides stellt das Selbstbild dieses Menschen infrage. Der Unterschied zwischen nicht überzogenen moralischen und überzogenen, also moralistischen Vorwürfen besteht darin, dass dies einmal zu Recht und einmal zu Unrecht geschieht.

Eine weitere direkte Schädigung besteht darin, dass moralistische Äußerungen soziale Beziehungen und Strukturen zerstören können. Wer auf der Hochzeitsfeier dem Brautpaar das nicht-vegane Catering vorwirft, setzt damit seine Beziehung zu ihnen aufs Spiel. Wenn er davon nicht ablässt, kann er diese sogar nachhaltig zerstören. Die Chefin, die ihre Mitarbeiter immer wieder auf moralistische Weise kritisiert, kann das Vertrauen und Verantwortungsbewusstsein des ganzen Teams nachhaltig beeinträchtigen und damit die Fähigkeit unterlaufen, kooperativ und vertrauensvoll zusammenzuarbeiten.

Der Grund dafür, dass Moralismus soziale Beziehungen und Strukturen zerstört, hat wieder mit seinem Angriff auf die moralische Integrität der moralistisch adressierten Menschen zu tun. Sehr viele soziale Beziehungen beruhen nämlich darauf, dass Menschen sich in ihren Werthaltungen gegenseitig respektieren, und bei engen Beziehungen darauf, dass sie sich wechselseitig wertschätzen. Moralistische Vorwürfe bringen jedoch zum Ausdruck, dass solch ein Respekt und solch eine Wertschätzung nicht vorliegen. Damit werden auch die Beziehungen als solche infrage gestellt. Soziale Strukturen wiederum beruhen darauf, dass Menschen in bestimmten Beziehungen zueinanderstehen, die auf Respekt und Wertschätzung aufbauen.[8] Respektlosigkeiten können also zu Beleidigungen und Demütigungen und diese wiederum zu sozialen Verwerfungen führen, die selbst einen schädigenden Charakter haben. Kurz: Soziale Strukturen können durch Moralismus zersetzt werden.

3.3 Indirekte Schädigungen durch Moralismus

Auch die indirekten Schädigungen haben viel mit vergifteter Kommunikation zu tun. Eine indirekte Schädigung kann darin bestehen, dass der Moralismus von konstruktiven Diskursen ablenkt und damit verhindert, dass gravierende Probleme angegangen werden. Die mit diesen Problemen verbundenen Schädigungen werden also nicht beseitigt, sondern bleiben bestehen. Denn statt einer lösungsorientierten Problembearbeitung geht es oft nur noch darum, sich wechselseitig Vorwürfe zu machen und etwa endlos darüber zu streiten, ob bestimmte Äußerungen moralisch gerechtfertigt oder vielmehr moralistisch sind. Bei Diskussionen über den Klimawandel beispielsweise ist das dann schnell der Fall, wenn sich verschiedene Parteien ihre Lebensstile vorwerfen. Die eine Gruppe hält dann der anderen den Kauf eines SUVs oder Kurzstreckenflüge vor. Die adressierte Gruppe kontert mit dem Verweis auf die Klimaschädlichkeit von Altbauwohnungen und Büchersendungen. Eine andere Gruppe hingegen pocht vielleicht auf ihrem Recht auf freie Entfaltung der Persönlichkeit und behauptet, dass dies hier anscheinend durch Verbote und Anprangern untergraben werden soll. Bei solchen Diskussionen bilden sich schnell unversöhnliche Lager und das eigentliche Ziel des Klimaschutzes gerät aus dem Blick.

Doch hier gilt es, genau aufzupassen. Es ist nämlich auch möglich, die Diskussion über die Zulässigkeit moralischer Äußerungen und Vorwürfe dazu zu nutzen, sich selbst immun gegen Angriffe zu machen. Schon Kinder verwenden gerne diese Strategie, indem sie etwa die Autorität ihrer Eltern infrage stellen, um davon abzulenken, dass sie ihr Zimmer aufräumen sollten. Entsprechend verwundert es nicht, dass im öffentlichen Diskurs manche Menschen, denen ihre rassistischen oder sexistischen Vorurteile vorgehalten werden, auf diese Vorwürfe mit einem Ablenkungsversuch reagieren, indem sie ihrerseits ihren Kritikerinnen einfach Moralismus vorwerfen.

Damit kommt eine weitere mögliche indirekte Schädigung durch Moralismus ins Spiel. Sie besteht darin, dass moralistische Vorwürfe die Meinungsfreiheit untergraben können. Inzwischen wird eine größere öffentliche Diskussion über das Verhältnis von Moral, Moralismus und Meinungsfreiheit geführt. Da ist beispielsweise abwertend von »Tugendterror«, »Gutmenschentum« und »politischer Korrektheit« die Rede.[9] Mit dieser Diskussion und der Frage, ob öffentliche Debatten wegen der Moralismusgefahr weniger moralisch aufgeladen sein sollten, werden wir uns in Kapitel 5 ausführlicher beschäftigen. An dieser Stelle soll es zunächst einmal nur darum gehen, herauszuarbeiten, auf welche Weise ein grassierender Moralismus mit Blick auf die Meinungsfreiheit indirekt schädigend sein könnte.

Hier wird das sogenannte *silencing* relevant: Manche Menschen befürchten überzogen negative moralische Reaktionen – also moralistische Vorwürfe – auf ihre Meinungen und trauen sich deshalb womöglich nicht mehr, ihre Meinung öffentlich zu äußern. Auf diese Weise können sogar so etwas wie Schweigespiralen entstehen, weil große Gruppen von Menschen nicht mehr wagen zu sagen, was sie denken. Das hätte den Nachteil, dass deren Meinungen dann auch nicht mehr Teil des öffentlichen Diskurses würden. Vielleicht stecken in ihnen aber mehr oder weniger verborgen wichtige Überzeugungen, deren Diskussion für eine Gesellschaft wertvoll ist. Selbst wenn dem nicht so sein sollte, geht durch das Schweigen immer noch die Möglichkeit verloren, in einem vernünftigen Diskurs auf diese Meinungen zu reagieren und vielleicht sogar Überzeugungsarbeit gegen diese Meinungen zu leisten.

Auf den ersten Blick scheint es so, als sei hier wieder die Unterscheidung von moralisch angemessener und moralistisch überzogener Kritik zentral, um zu bestimmen, wann die negativen Effekte moralischer Kritik gerechtfertigt sind und wann nicht. Eine moralische Kritik beispielsweise an rassistischen und sexistischen Positionen wäre dann weiterhin erlaubt und der Effekt, dass sich Menschen mit rassistischen oder sexistischen Überzeugungen nicht mehr trauen, diese zu äußern, wäre durchaus rechtfertigbar oder vielleicht sogar erwünscht. Nur wenn eine Kritik moralistisch ist, also auf überzogenen moralischen Urteilen oder deren Kommunikation beruhen, wären solche Effekte ungerechtfertigt.

Ganz so leicht ist die Sache jedoch nicht. Denn auch im Fall gerechtfertigter moralischer Kritik können die negativen Effekte des *silencing* erheblich sein. Rassistische und sexistische Überzeugungen werden dann zwar nicht mehr geäußert, können aber im Verborgenen weiterhin bestehen bleiben und irgendwann wieder zutage treten. Gerade weil sie nie in einer öffentlichen Auseinandersetzung bearbeitet worden sind, können sie sich sogar zunehmend verfestigt und vielleicht sogar radikalisiert haben. In diesem Zusammenhang stellt sich die Frage, wie moralische Kritik diese möglichen Effekte zu berücksichtigen hat. Immerhin spricht für die Kritik, dass sie gerechtfertigt und nicht überzogen ist. Wahrscheinlich überwiegt hier ein anderer Aspekt: Gerechtfertigte moralische Kritik an diskriminierenden Äußerungen dient nämlich der Solidarisierung mit den durch die Äußerungen diskriminierten Menschen und Gruppen.

In diesem Zusammenhang lässt sich eine weitere mögliche Form der indirekten Schädigung durch Moralismus ausmachen, die ebenfalls auf einer Moralisierung des öffentlichen Diskurses beruht. Diese Schädigung besteht ähnlich wie die direkte Schädigung darin, dass die interpersonale Kommunikation vergiftet wird. Allerdings geht es dabei nun nicht um die persönliche Kommunikation in Familien, unter Freundinnen oder Verwandten, sondern um die öffentliche Kommunikation innerhalb der Zivilgesellschaft überhaupt, wie sie in Medien und sozialen Netzwerken stattfindet. Im schlimmsten Fall, so die Befürchtung, kann eine Vergiftung dieser Kommunikation schlussendlich die diskursive Grundlage des friedlichen Zusammenlebens zerstören.[10]

Welche Rolle spielt Moralismus in diesem Zusammenhang genau? Es wäre ja auch denkbar, dass nicht die moralische Aufladung des öffentlichen Diskurses, sondern zunehmende Interessengegensätze und ideologische Differenzen zwischen verschiedenen Bevölkerungsgruppen für solch eine Zerstörungsprozess verantwortlich sind. Die Moralisierung des öffentlichen Diskurses wäre dann eher ein Ausdruck dieser zunehmenden politischen Gegensätze und vielleicht auch ein Versuch, sie mit diskursiven Mitteln zu bearbeiten. Allerdings wäre es ebenfalls vorstellbar, dass Moralismus weltanschauliche und interessenbasierte Gegensätze noch weiter anheizt. Ein Beispiel dafür wäre wohl die Frage, wie viele persönliche Einschränkungen für den Umwelt- und Klimaschutz in Kauf zu nehmen sind. Ein anderes, viel und extrem kontrovers diskutiertes Beispiel wäre die Frage, ob geflüchtete Menschen an der Grenze abgewiesen oder nicht abgewiesen werden dürfen. In beiden Fällen gibt es offensichtlich sehr unterschiedliche Interessen und grundsätzlich unterschiedliche Weltanschauungen. Wenn Moralismus auf diese weltanschaulichen Differenzen trifft, können sich einige Menschen in der öffentlichen moralischen Auseinandersetzung so stark beleidigt und ausgegrenzt fühlen, dass sie sich in ihrer Position immunisieren und politisch radikalisieren. Die Fronten könnten sich verhärten und es kann zu unüberbrückbaren Gegensätzen kommen. Je mehr gesellschaftliche Fragen von einer solchen Reaktion betroffen sind, desto stärker kann es vielleicht wirklich zu so etwas wie einer gesellschaftlichen Spaltung kommen. In diesem Sinne könnte Moralismus zur Gefährdung des Zusammenlebens beitragen. Doch ist es nicht einfach, zu beurteilen, ob solch eine Dynamik derzeit öffentliche Diskussionen prägt oder eher umgekehrt der moralische Dissens nur Ausdruck zunehmend verschiedener Lebensweise und weltanschaulicher Positionierungen ist. Das bedürfte einer differenzierten Analyse.

Es wird somit deutlich, dass die Diskussion indirekter Schädigungen durch Moralismus mit schwierigen Fragen konfrontiert ist. Eine abschließende Einschätzung kann vielleicht nur in einer detaillierten Auseinandersetzung mit konkreten Fällen vorgenommen werden, weil nur hier der tatsächliche moralische Charakter bestimmter Positionen, die tatsächlichen schädigenden Effekte, aber auch die möglichen positiven Effekte moralischer Diskurse richtig eingeschätzt werden können. Uns ging es hier zunächst nur darum, einige paradigmatische Fälle von Schädigungen durch Moralismus vorzustellen, um deutlich zu machen, was falsch sein kann am Moralismus.

3.4 Pluralismus moralischer Vorstellungen

Abschließend möchten wir auf ein grundsätzliches Problem zu sprechen kommen, das sich bei der Diskussion der Schädigungen des Moralismus zeigt. Darüber, was eine Schädigung darstellt und insbesondere, was eine *gerechtfertigte* Schädigung darstellt, gibt es unterschiedliche Vorstellungen. Diese Unterschiede spiegeln sich in einem Pluralismus verschiedener Moraltheorien wider, die sich in vielen Fragen uneins sind.[11] Im vorherigen Kapitel hat sich schon gezeigt, dass die Frage, wann ein moralisches Urteil oder die Art seiner Kommunikation überzogen und damit moralistisch ist, von verschiedenen Moralvorstellungen abhängt. Ebenso hängt auch die Frage, ob ein bestimmtes moralisches Urteil schädigend und insofern falsch ist, von den zugrunde liegenden Moralvorstellungen und -theorien ab. Das impliziert noch keinen Relativismus, denn Moralvorstellungen können ja auch falsch sein. Aber es muss sich im philosophischen Diskurs erweisen, welche Vorstellungen offensichtlich falsch sind und welche als wohlbegründet gelten können. Auf diese Weise bildet sich ein Pluralismus wohlbegründeter im Gegensatz zu unbegründeten Moralvorstellungen. Es kann sein, dass in diesem Begründungsprozess am Ende nur eine Moralvorstellung übrigbleibt – nur ist derzeit noch nicht abzusehen, welche das sein sollte. Allerdings haben sich viele Vorstellungen im Laufe der Zeit als unbegründet erwiesen, so all diejenigen, die die gleiche Würde bzw. den gleichen moralischen Status aller Menschen leugnen.

Das bedeutet aber nicht, dass die Unterscheidung zwischen angemessenen moralischen und überzogenen moralischen Urteilen lediglich den Streit zwischen verschiedenen Moraltheorien widerspiegelt und insofern illusorisch ist. Zwar bestehen auch zwischen wohlbegründeten Vorstellungen große Unterschiede. Was aus der Sicht der einen reflektierten Vorstellung völlig überzogen erscheint, das mag für die andere Vorstellung ohne Abstriche legitim sein. Der eine Mensch lehnt die Lüge vielleicht kategorisch ab und findet es auch angemessen, Gelegenheitslügnern schwere moralische Vorwürfe zu machen. Ein anderer Mensch ist demgegenüber der Ansicht, dass gelegentliche Lügen nicht so schlimm sind, wenn sie keinen größeren Schaden anrichten oder gar geboten sind, wenn die nützlichen Effekte klar überwiegen. Da es auch bei gut begründeten moralischen Überzeugungen einen großen Pluralismus an Meinungen gibt, ist nicht leicht zu bestimmen, wer von beiden nun recht hat und was hier moralistisch ist.

Das ist aber kein Grund, die Unterscheidung zwischen angemessenen und überzogenen moralischen Urteilen aufzugeben. Sie ist einfach ein fester Bestandteil unserer moralischen Praxis. Dass es unterschiedliche wohlbegründete Weisen gibt, diese Praxis mithilfe von Moraltheorien rational zu systematisieren, heißt nur, dass es auch unterschiedliche wohlbegründete Weisen gibt, diesen Unterschied zu fassen. Der Unterschied selbst verschwindet auf diese Weise jedoch nicht, er stellt sich – je nach Theorie – nur anders dar. Bestimmte moralische Vorstellungen und Theorien bzw. die Urteile und Kommunikationsformen, die auf diesen Vorstellungen und Theorien fußen, sind dann aus der Sicht anderer moralischer Vorstellungen und Theorien nun einmal übertrieben und damit moralistisch. Und das könnte sich am Ende als zutreffende Einschätzung erweisen. Nur wissen wir das oft nicht, und das allein ist ein Grund, in seinen Urteilen über den Moralismus anderer vorsichtig zu bleiben und genau abzuwägen.

Es gibt auch moralische Urteile, die aus allen oder fast allen moraltheoretischen Perspektiven als moralistisch gelten müssen. Wer zum Beispiel glaubt, dass es unmoralisch ist, sich ab und zu ungesund zu ernähren, und andere Menschen mit dieser Überzeugung belehrend belästigt, wird keine Moraltheorie auf seiner Seite haben. Dasselbe gilt für jemanden, der davon überzeugt ist, es gäbe eine moralische Pflicht, all sein Hab und Gut an andere Menschen zu geben, bis für einen selbst nichts mehr bleibt und man selbst kein gutes Leben mehr führen kann. Allgemein gilt zudem, dass eigentlich alle Moraltheorien bestimmte Entschuldigungs-

und Rechtfertigungsbedingungen für Ausnahmen von Pflichten und Verantwortlichkeiten kennen. Entsprechendes gar nicht zuzulassen, wäre also ebenfalls moralistisch. Wenn ein scheinbar moralisches Urteil und entsprechende Äußerungen von keiner wohlbegründeten Moraltheorie gedeckt werden, so liefert diese Tatsache ein gutes Indiz dafür, dass sie moralistisch sind.

4. Kann Moralismus auch nützlich sein?

Bislang standen vor allem die schlechten Seiten des Moralismus im Vordergrund. Wir sind dabei von der These ausgegangen, dass an den verschiedenen Erscheinungsformen von Moralismus in moralischer Hinsicht immer etwas problematisch ist. Bedeutet das nun aber, dass moralistische Kritik damit unterm Strich immer moralisch verboten ist?

Nicht unbedingt. Wenn man weiter darüber nachdenkt, wird das Bild schnell komplexer. Schließlich äußert sich Moralismus häufig in moralischer *Kritik*: Moralismus richtet sich also auf etwas, das (vermeintlich oder tatsächlich) moralisch nicht in Ordnung, ein Missstand ist. Das Ziel besteht oft gerade darin, mit der moralischen Kritik solche moralischen Missstände zu beheben: den Klimawandel zu stoppen; Tierleid zu mindern; mehr soziale Gerechtigkeit zu ermöglichen. Zur moralischen Verbesserung der Welt beizutragen, ist doch eigentlich etwas Gutes. Könnte also nicht auch *überzogene* moralische Kritik manchmal diese gute Seite haben? Könnte es also auch Umstände geben, in denen selbst *moralistische* Kritik alles in allem betrachtet moralisch zulässig oder sogar geboten ist?

4.1 Die Moral moralistischer Kritik

Solche Fragen stellen sich nicht nur für jede einzelne und jeden einzelnen von uns im Umgang mit den Verfehlungen unserer Mitmenschen. Es gibt auch Leute, die diese Fragen sozusagen von Berufs wegen betrifft: Politikerinnen, Aktivisten, Publizistinnen und Intellektuelle versuchen, mit öffentlich geäußerter moralischer Kritik etwas gegen moralische Missstände zu unternehmen (diese Leute nannten sich selbst früher gar nicht abschätzig ›Moralisten‹, frz. *moralistes* bzw. engl. *public moralists*). Manchmal greifen sie auch zu überzogenen Einlassungen. Der Vorwurf, moralisch überzureagieren und zu viel oder zu laut zu kritisieren, lässt dann meist nicht lange auf sich warten. So werden Menschen, die sich mittels moralischer Kritik für mehr soziale Gerechtigkeit, für die Überwindung rassistischer oder sexistischer Strukturen oder für den Klimaschutz engagieren, nicht selten als ›woke‹, als ›social justice warrior‹ oder als ›Gutmenschen‹ verunglimpft. Können sie sich damit verteidigen, dass ihre Kritik dem moralischen Fortschritt dient?

Einerseits ist es nicht grundsätzlich ausgeschlossen, dass auch *moralistische* Interventionen ebenso wie andere Formen moralischer Kritik dazu beitragen können, dass es weniger Missstände gibt und die Welt damit besser wird. Andererseits aber ist an moralistischer Kritik auch immer etwas moralisch problematisch. Man macht also in einer Hinsicht selbst dann etwas falsch, wenn man moralistisch dazu beiträgt, diese Missstände zu beheben. Was wiegt dann schwerer: der moralische Missstand oder die moralistische Kritik daran? Darf man das mit Moralismus verbundene Übel in Kauf nehmen, um ein anderes Übel zu beheben oder zumindest dazu beizutragen, dass es behoben wird?

Man kann sich natürlich auf den Standpunkt stellen, dass das *niemals* moralisch zulässig sei. Ein lauterer Zweck heilige niemals unlautere Mittel. Mit einer moralistischen Intervention mache man sich sozusagen die Hände immer schon so schmutzig, dass sie moralisch durch nichts reinzuwaschen seien. Moralismus sei immer schon – alles in allem betrachtet – moralisch verboten.

Diese Auffassung gerät allerdings ins Schwanken, wenn das mittels moralistischer Kritik zu behebende Übel sehr schwer und das in Kauf genommene Übel nur sehr wenig wiegt. Man denke etwa an moralisch motivierte Bemühungen zur Abschaffung der Sklaverei im 19. Jahrhundert: Die Kritik an diesem horrenden gesellschaftlichen Missstand war natürlich nicht als Ganze moralistisch. Einzelne Äußerungen dürfen aber wohl durchaus moralisch überzogen gewesen sein, etwa wenn ›geläuterte‹ Sklavenhalter dafür verteufelt wurden, dass sie ›ihre‹ Sklaven nicht sofort in die Freiheit entließen, um sie in der unsicheren Übergangsphase noch eine Zeit lang vor Verfolgung zu schützen. Insgesamt betrachtet könnten hier jedoch selbst überzogenen Äußerungen moralisch zulässig gewesen sein, weil womöglich auch sie den Reformdruck aufrechterhielten und so zum Erfolg der ganzen Bewegung beigetragen haben könnten. Dieser Beitrag zur Abschaffung der Sklaverei überwog dann das in Kauf genommene Übel der Verteufelung geläuterter Sklavenhalter.

Diese Art von Abwägung kennen wir auch aus dem moralischen Alltag: Es mag ja moralistisch sein, eine Freundin beim gemeinsamen Abendessen wohlwollend (aber ernst gemeint) daran zu erinnern, dass sie doch eigentlich den Vorsatz gefasst habe, sich vegetarisch zu ernähren. Doch wenn man sichergehen kann, dass diese kleine übergriffig oberlehrerhafte Respektlosigkeit die Freundschaft nicht nachhaltig belastet und überdies ausreicht, um dem (so wollen wir annehmen: guten) Vorsatz dauerhaft zum

Durchbruch zu verhelfen, dann ist der moralistische Stupser vielleicht richtig. Es scheint also nicht *grundsätzlich* ausgeschlossen zu sein, dass moralistische Äußerungen manchmal alles in allem betrachtet moralisch zulässig oder gar geboten ist. Vielmehr kommt es wohl darauf an, wie schwer die in Kapitel 3 diskutierten Übel moralistischer Kritik im Verhältnis zu den Übeln wiegen, die damit jeweils behoben werden sollen.

Diese Thematik ist deshalb so komplex, weil hinter ihr eine ganz grundlegende Frage steht, die moralische Kritik *im Allgemeinen* und nicht nur moralistische Kritik im Besonderen betrifft: Auf welche Weise sollte man in einem moralischen Diskurs auf moralische Verfehlungen oder Missstände reagieren? Sollte man in bestimmten Fällen überhaupt mit Kritik intervenieren oder doch besser schweigen? Und falls ersteres: Wie genau sollte man seine Kritik dann formulieren? Wie schon in Kapitel 1 angesprochen, geht es bei der Diskussion über Moralismus eigentlich darum, verschiedene mögliche Beiträge zum moralischen Diskurs selbst in moralischer Hinsicht zum Thema zu machen und dabei sowohl moralische Kritik als auch moralisches Schweigen umfassend moralisch zu reflektieren. Die Frage, wie ganz bestimmte Diskursbeiträge – z. B. eben moralistisch überzogene Kritik – unterm Strich moralisch zu bewerten sind, stellt dann einen Spezialfall einer solchen umfassenderen Moral moralischer Kritik dar. Hierfür sind auch all diejenigen Erwägungen einschlägig, die das Äußern moralischer Kritik im Allgemeinen betreffen. Und diese Erwägungen haben Rückwirkungen darauf, *auf welche Art und Weise* man moralische – und manchmal eben auch moralistische – Kritik äußern sollte.

4.2 Kontraproduktive Kritik

Welche Erwägungen sind nun für die Moral moralischer Kritik relevant? Ein wichtiger Gesichtspunkt lautet, dass das mit moralischer Kritik ausgedrückte Engagement für moralische Anliegen manchmal kontraproduktiv sein kann. Das ist eine reale Gefahr. Im Wahlprogramm der Partei Bündnis 90/Die Grünen fand sich 2013 der (auch auf moralischen Erwägungen beruhende) Vorschlag, in öffentlichen Kantinen an einem Tag – dem sogenannten ›Veggie Day‹ – ausschließlich fleischfreie Gerichte anzubieten. Die Empörung fiel heftig aus. Unter anderem kam es zu ›Protestgrillen‹. Das moralische Anliegen der Partei wurde so durch zusätzlichen Fleischkonsum konterkariert.

Dieses Beispiel liefert anekdotische Evidenz für sogenanntes reaktantes Verhalten: Wenn Menschen das Gefühl haben, ihre Freiheit sei bedroht, sind sie oft besonders dazu motiviert, diese Freiheit zu erhalten oder wiederherzustellen. Im Zusammenhang mit moralischen Anliegen wurde dieses Phänomen sozialpsychologisch gut untersucht: Nicht nur explizite Aufforderungen (»Tue dies, lasse das!«) und moralische Kritik oder Vorwürfe, sondern bereits das offen gezeigte tugendhafte Verhalten anderer oder deren Engagement für moralische Anliegen werden von vielen Menschen als implizite moralische Vorwürfe oder Bedrohungen empfunden und können dann reaktantes Verhalten auslösen.

Das Protestgrillen gibt ein Beispiel für eine von zwei Weisen, in denen moralische Kritik kontraproduktiv sein kann: Sie verfehlt oder konterkariert ihr Ziel. Die von der Kritik angesprochenen Personen tun dann nicht das, was e in Reaktion auf die Kritik tun sollten, oder sie tun etwas, ɪs die Situation mit Blick auf das Ziel der Kritik sogar noch :hlimmer macht. Wenn die oben schon genannte Freun-din auf Ihren moralistischen Stupser hin trotzig gleich ein zweites Schnitzel (»Jetzt erst recht!«) bestellt, illustriert das denselben Punkt. Die Kritik ist hier *moralisch ineffektiv*.

Bei der zweiten Art von kontraproduktiver Kritik wird das Ziel der moralischen Kritik zwar womöglich erreicht, allerdings nur zu unverhältnismäßig hohen moralischen Kosten. Solch ein Fall läge zum Beispiel dann vor, wenn Ihre Freundin absehbar dünnhäutig reagiert (es ist vielleicht nicht das erste Mal, dass Sie sich zu einem moralistischen Stupser haben hinreißen lassen) und die langjährige Freundschaft zerbricht. Die Freundin bestellt statt des Schnitzels nun einen vegetarischen Burger, doch wiegt das den Verlust der Freundschaft nicht auf. In Fällen dieser Art ist die Kritik womöglich effektiv, aber *moralisch ineffizient*: Man verbessert die Welt zwar hinsichtlich des einen Ziels ler Kritik, verschlimmert sie aber in anderen moralischen Hinsichten noch mehr, so dass man die Welt alles in allem etrachtet verschlimmbessert. Insbesondere in der Sache erechtigte, aber verletzende oder bloßstellende Kritik fällt ɪäufig in diese Kategorie.

4.3 Effektivität, Effizienz und zwei Arten von Ungewissheit

Was sollte man in solchen Fällen aus moralischer Sicht tun? Vielleicht könnte man zunächst sagen, dass man sich in diesen Fällen besser mit der Kritik zurückhalten sollte, schließlich sei der Sache der Moral damit doch nicht gedient. Moralische Kritik wäre demnach nur dann alles in allem zulässig, wenn sie sowohl moralisch effektiv als auch moralisch effizient ist.

Tatsächlich ist die Lage jedoch vertrackter. Man kann nämlich einwenden, dass die Verantwortung für reaktantes Verhalten und die moralischen Nebenkosten ja nicht bei der kritisierenden, sondern bei der trotzig reagierenden Person liegen. Würden Protestgrillende oder Freundinnen nur vernünftig mit der Kritik umgehen, wäre doch alles in Ordnung, frei nach dem Motto: »Es ist ja nicht *meine* Schuld, wenn *andere* überreagieren.« Es könnte gar wie ein Zugeständnis oder eine Legitimation des kritikwürdigen Verhaltens wirken, wenn man die spinnerte Reaktion anderer auf die eigene Kritik vorwegnehmen und sein eigenes Verhalten entsprechend anpassen würde. Im Grunde, so der Einwand weiter, würde das Schweigen perverse Anreize setzen, dass der andere sich noch unvernünftiger gibt. Denn je stärker jemand absehbar unbeherrscht, beleidigt oder sonst wie irrational reagiert, desto weniger ist er Kritik ausgesetzt und desto eher kommt er mit seinem Fehlverhalten durch.

Richtig ist, dass es unangebracht übervorsichtig wäre, wenn man sich aus Sorge vor *irgendwelchen* irrationalen Reaktionen jeglicher Kritik enthielte. Allerdings will man wohl auch nicht sagen, dass es *immer* unterm Strich geboten ist, seine Kritik auch zu äußern. Wenn die Folgen einer Kritik absehbar katastrophal wären, wäre es zynisch, auf der Verantwortung der anderen zu beharren: »Ich wusste schon, dass er jähzornig ist; aber es ist ja nicht meine Schuld, dass er seine Frau verprügelt, nur weil ich ihn für seine herablassende Bemerkung ihr gegenüber kritisiert habe.« Man muss also diejenigen moralischen Gesichtspunkte, die mit dem kritisierten Vergehen zu tun haben und dafür sprechen, Kritik zu äußern, gegen diejenigen moralischen Gesichtspunkte abwägen, die mit der erwartbar irrationalen Reaktion zu tun haben und dagegen sprechen, Kritik zu äußern. Sich dabei an Gesichtspunkten der moralischen Effektivität und Effizienz zu orientieren, bedeutet zunächst nur, dass man versucht sicherzustellen, dass diese Abwägung in moralischer Hinsicht insgesamt positiv ausfällt.

Das kann unter Umständen bedeuten, auf moralische Kritik vollständig zu verzichten, wenn nämlich ein Vergehen so wenig schlimm ist, dass die Äußerung von moralischer Kritik die Sache insgesamt absehbar schlimmer machen würde. Meist haben Effektivitäts- und Effizienzerwägungen jedoch eher Auswirkungen auf die Art und Weise, in der man moralisch interveniert: Wie wirksam eine bestimmte Kritik ist und ob sie in einem angemessenen Verhältnis zu den moralischen Kosten steht, die sie verursacht, hängt oft davon ab, *wie* genau man seine Kritik äußert. Manchmal kann ein vorsichtiger Rat, der die moralischen Aspekte gar nicht direkt thematisiert, wirksamer und effizienter sein als offene moralische Kritik. Meist fährt man wohl mit motivierender, aufbauender und zum Handeln aktivierender Kritik besser als mit Maximalforderungen oder einer vernichtenden Kritik, die mögliche positive Reaktionen hemmt. Im Einzelfall bedarf es vielleicht auch einer zugespitzten oder gar überzogenen Kritik, um einem moralischen Anliegen überhaupt erst Gehör zu verschaffen und es nachhaltig auf die Agenda des moralischen Diskurses zu setzen. Die Orientierung an moralischer Effizienz und Effektivität kann also Zurückhaltung, Mäßigung, Ermunterung oder auch moralistische Überzogenheit gebieten. Hier sind dann moralisches Fingerspitzengefühl und moralische Urteilskraft gefragt.

Es verbleibt allerdings das Problem, dass wir bei der Abwägung der verschiedenen Erwägungen unter Effektivitäts- und Effizienzgesichtspunkten mit zwei Arten von Ungewissheit zu tun haben. Erstens wissen wir im Vorfeld oft nicht hinreichend sicher, welche Folgen eintreten werden und ob unsere Kritik am Ende effektiv und effizient sein wird. Selbst beim ›Veggie Day‹ muss man ja berücksichtigen, dass allein die öffentliche Diskussion womöglich doch mehr Menschen dazu ermuntert hat, weniger Fleisch zu verzehren, als es Protestgrillende hervorgebracht hat. Wie die Bilanz dann hinsichtlich der Effektivität in der Summe aussieht, ist schwer zu sagen. Ähnlich bei der Effizienz: Oft ist ungewiss, ob die befürchteten moralischen Kosten anderer Art (z. B. der Bruch mit der Freundin) tatsächlich entstehen oder nicht. Die Schwierigkeit liegt hier in unseren begrenzten Erkenntnisfähigkeiten über die tatsächlichen Auswirkungen unserer Kritik.

Zu dieser empirischen Ungewissheit tritt eine zweite, genuin moralische hinzu: Es ist oft nicht klar, welches Übel eigentlich moralisch schwerer wiegt. Ist es gerechtfertigt, die Stimmung auf der Hochzeitsfeier durch einen deutlichen Hinweis darauf zu verderben, dass ein veganes Festmahl zum Wohl vieler Tiere beigetragen hätte? Vielleicht nicht. Doch wäre wahrscheinlich eine Intervention dann sehr wohl gerechtfertigt, wenn es darum ginge, einen sexistischen Witz in der Ansprache des Bräutigams als eben sexistisch zu kritisieren. Wie die Bilanz der Abwägung verschiedener moralischer Gesichtspunkte ausfällt und ob wir unterm Strich dann moralische oder gar moralistische Kritik üben dürfen, hängt offenbar vom relativen Gewicht der unterschiedlichen Erwägungen ab. Selbst wenn wir uns der tatsächlichen Folgen sicher sein könnten, wüssten wir oft nicht sicher, in welche Richtung die moralische Waagschale schlussendlich ausschlägt.

Wenn wir uns der tatsächlichen Folgen unserer Kritik oder des relativen Gewichts verschiedener moralischer Erwägungen nicht gewiss sein können, sollten unsere moralischen Urteile dies widerspiegeln. Andernfalls würde man im Gestus überbordender Gewissheit jene Überheblichkeit zum Ausdruck bringen, die wir in Kapitel 2 bereits thematisiert haben. Überheblichkeit ist nicht nur ein Übel und damit der moralischen Effizienz der Äußerung abträglich; Überheblichkeit kann auch reaktantes Verhalten provozieren und damit die moralische Effektivität beeinträchtigen.

Ob man mit einer bestimmten Äußerung Überheblichkeit ausdrückt, hängt natürlich wiederum maßgeblich davon ab, *wie* man seine Kritik formuliert. Auch hier ist daher moralisches Fingerspitzengefühl gefragt. Die Gesichtspunkte der moralischen Effektivität und Effizienz können dabei als Methode dienen: Wenn man sich (vorher) fragt, welche Äußerung wirksam und verhältnismäßig wäre und dabei auf die empirischen und moralischen Ungewissheiten stößt, dann wird die geäußerte Kritik diese Ungewissheiten wahrscheinlich auch besser reflektieren und weniger überheblich wirken. Das bedeutet natürlich nicht, dass man auf moralische Kritik stets verzichtet. Wenn die Ungewissheiten und drohenden Übel ineffektiver oder ineffizienter Äußerungen jedoch besonders gravierend sind, kann eine gewisse Mäßigung angemessen sein.

4.4 Ist moralisches Schweigen manchmal wirklich Gold?

Hier kann man zu bedenken geben, dass das zu sehr nach einem Gebot klingt, sich bei moralischer Kritik zurückzuhalten. Zurückhaltung ist manchmal jedoch selbst moralisch falsch, weil man damit ein Unrecht stillschweigend duldet. Denken wir an eine gesellige Runde unter Freundinnen und Bekannten. Alle sind etwas angeheitert, die Redebeiträge werden launiger und eine Person erzählt einen rassistischen Witz, der explizit auf die einzige anwesende nichtweiße Person gemünzt ist. Die adressierte Person ist erkennbar verletzt, es herrscht eine beklommene Stimmung, doch niemand sagt dem Möchtegern-Witzbold, dass seine Bemerkung inakzeptabel war. Dabei scheint es hier durchaus moralisch geboten, Empörung und Kritik zu äußern, um das begangene Unrecht nicht stillschweigend zu dulden. Diese Reaktion wäre selbst dann angebracht, wenn unzweifelhaft *klar* sein sollte, dass sie den Rassisten nicht bekehren wird oder dass der Abend durch die Reaktion erst vollständig ruiniert ist und schwere Zerwürfnisse drohen. Man sollte hier also mit Kritik reagieren, *obwohl* die Effektivität- und Effizienzbedingungen für moralische Kritik nicht erfüllt scheinen. Es wäre in gewisser Hinsicht zu konservativ, sich allein an diesen Erwägungen zu orientieren. Man würde zu oft fälschlicherweise schweigen.

Allerdings hat moralische Kritik noch andere wichtige Funktionen als die, das kritisierte Übel oder Unrecht auszumerzen zu versuchen und so zur Verbesserung der Welt beizutragen. Nicht selten geht es beispielsweise auch darum, sich mit der Person, die ein Unrecht erlitten hat, zu *solidarisieren*. Man setzt sich dann mittels moralischer Kritik für jemanden ein und steht ihm moralisch zur Seite. Darin besteht gerade die Pointe der Intervention gegen den rassistischen Witz: Man zeigt der Person, auf deren Kosten der Witz gemacht wurde, dass sie nicht allein ist. Damit setzt man der mit dem Witz verbundenen Herabsetzung etwas entgegen – und das erleichtert es der betroffenen Person, ihre Selbstachtung zu wahren. Diese Funktion moralischer Kritik ist besonders zentral im Zusammenhang mit der Diskriminierung von Minderheiten, strukturellen Ungerechtigkeiten oder institutionalisiertem Unrecht: Man markiert öffentlich, *dass* es sich um Diskriminierung, Ungerechtigkeit und Unrecht handelt.

Auch für diese Funktion – die Solidarisierung mit Personen, denen Unrecht angetan wurde – gilt es, Effektivitäts- und Effizienzbedingungen zu bedenken: Moralische Kritik, die auf Solidarisierung zielt, ist nur dann zulässig, wenn es sich auch wirklich um eine Solidarisierung handelt, die im Verhältnis zu ihren moralischen Kosten steht. Bei der Intervention gegen den rassistischen Witz wäre das wahrscheinlich der Fall: Indem man klare Kante zeigt, springt man der verletzten Person bei; und dass man damit ihre Selbstachtung zu wahren hilft, überwiegt den ruinierten Abend. Eine an Kriterien der Effektivität und Effizienz orientierte Moral moralischer Kritik muss also in diesem Fall nicht unbedingt Schweigen verordnen, wenn man beide Kriterien nur mit Blick auf die solidarisierende Funktion anwendet.

Doch ist natürlich nicht jede auf Solidarisierung zielende moralische Reaktion effektiv und effizient. Gerade einige Formen *moralistischer* Kritik laufen Gefahr, ihr Ziel zu verfehlen oder nur zu unverhältnismäßig hohen moralischen Kosten zu erreichen. Wer mit seiner Kritik beispielsweise erkennbar nur seine eigene moralische Integrität zur Schau stellen will (»Also, *ich* habe mich in meinem ganzen Leben noch nicht zu solchen verwerflichen Bemerkungen hinreißen lassen.«), dem wird es kaum gelingen, sich mit anderen zu solidarisieren. Denn es geht dem Tugendprotzer ja gerade nicht um andere, sondern nur um sich selbst. Derartige Kritik ist verfehlt, weil sie ineffektiv ist, also ihr Ziel nicht erreicht.

Manche Formen moralistischer Kritik können aber durchaus Solidarität stiften. Wenn der rassistische Witz zum Beispiel mit johlendem Gelächter statt wie im obigen Fall mit beklommenem Schweigen quittiert würde, muss man vielleicht besonders laut auf den Tisch hauen und dabei auch überziehen, indem man einfach in der Kritik am Möchtegern-Witzbold pauschal *allen* Anwesenden unterstellt, Rassismus zu dulden. Man zwingt sie dann, sich dazu zu verhalten, und sich im Zuge dessen vielleicht ebenfalls mit der betroffenen Person zu solidarisieren; das setzt dem Gefühl der Betroffenen, angesichts der Gruppenreaktion völlig allein zu sein, etwas entgegen. Unter diesen Umständen wäre die moralistische Kritik mit Blick auf die Solidarisierung effektiv und wohl auch effizient.

4.5 Moralische Kritik im Dienste des moralischen Fortschritts?

Die Gefahr der stillschweigenden Duldung ließe sich auf diese Weise vielleicht bannen. Doch sieht sich eine an Effektivität und Effizienz orientierte Moral moralischer Kritik noch einem weiteren Bedenken ausgesetzt: Sie läuft Gefahr, in moralische Stagnation zu münden.

Das Problem lässt sich am besten an kollektiv verursachten Übeln verdeutlichen. Das sind Phänomene, bei denen zahlreiche scheinbar harmlose Handlungen vieler Einzelner zusammengenommen eine moralische schwerwiegende Wirkung entfalten. Klimawandel, industrielle Massentierhaltung und Ausbeutung sind einschlägige Beispiele: Man fährt mit dem Auto zum Bäcker und heizt die Wohnung wohlig warm. Man grillt mit Freundinnen einige Würstchen und trinkt seinen Kuhmilchkaffee. Man bestellt einen von Kinderhänden gefertigten Fußball im Internet und verlässt die Shopping Mall mit Taschen voller Kleidungsstücke aus Bangladesch. Bei diesen jeweils kleinen Handlungen fallen Treibhausgasemissionen an, werden tierische Produkte konsumiert oder etwas erworben, das unter menschenunwürdigen Bedingungen hergestellt wurde. In der Summe hat das den Effekt, dass ein extremer Klimawandel droht, die erbärmlichen Bedingungen der industriellen Massentierhaltung und die ausbeuterischen Arbeitsverhältnisse in der Fast-Fashion-Industrie verstetigt werden – also Zustände, die aus moralischer Sicht große Übel darstellen.

Gerade in diesen Fällen scheint die Verfehlung, die mit der einzelnen Handlung verbunden ist, relativ geringfügig (wenn es sich überhaupt um eine Verfehlung handelt). Selbst wenn Kritik an der einzelnen Handlung erfolgreich sein und eine Verhaltensänderung bewirken sollte, so würde dieser Effekt sehr klein ausfallen. Auf der anderen Seite der Abwägung stehen aber oft moralisch relevante soziale Kosten der Kritik: die ruinierte Hochzeitsfeier, die verschnupft reagierende Freundin, eine belastete Nachbarschaftsbeziehung oder auch zerknirschte Fremde. Hinzu kommt, dass die geringfügige positive Wirkung der Kritik wie bereits angesprochen reichlich ungewiss scheint: Wird meine Nachbarin künftig wirklich mit dem Rad zum veganen statt mit dem Auto zum konventionellen Bäcker fahren? Im Vergleich dazu ist es relativ gewiss, dass die negativen Wirkungen (z. B. das belastete Nachbarschaftsverhältnis) eintreten werden. Damit scheint die Effektivitäts- und Effizienzbetrachtung bei kollektiv verursachten Übeln eher *gegen* das Äußern moralischer Kritik zu sprechen. Doch wenn Kritik im Einzelfall stets unzulässig ist, dann besteht eigentlich keine irgendwie zulässige Möglichkeit, mithilfe von Kritik etwas an den gesellschaftlichen Praktiken zu ändern, die zu jenen kollektiv verursachten Übeln führen. Eine an Effektivität und Effizienz orientierte Moral moralischer Kritik erscheint dann zu wenig nach vorne gerichtet, zu wenig progressiv. Statt zum moralischen Fortschritt beizutragen, stellt sie einen Freibrief für moralische Stagnation aus.

Allerdings sollte man bei der Effektivitäts- und Effizienzbetrachtung den langfristigen Beitrag der Kritik berücksichtigen. Oft sind gesellschaftliche Praktiken mit moralisch üblen Folgen eingeschliffene Gewohnheiten. Viele Konsum- und Mobilitätsmuster sind Relikte aus einer Zeit, in der die moralische Bedeutung des Autofahrens oder Fleischverzehrs noch nicht im allgemeinen Bewusstsein angekommen war. Es braucht (leider) Zeit, das zu ändern und die entsprechenden Muster zu brechen.

Unermüdlich wiederkehrende moralische – und manchmal auch moralistische – Kritik kann genau dazu einen Beitrag leisten: Sie ruft immer wieder die moralische Bedeutung der einzelnen kleinen Handlung in Erinnerung. Auf diese Weise trägt sie zu einer allgemeinen Bewusstseinsbildung und damit möglicherweise zur Veränderung der eingeschliffenen Gewohnheiten bei. Natürlich ist der Beitrag eines *einzelnen* Akts moralischer Kritik zu diesem langfristigen Bewusstseinswandel geringfügig. Doch gilt das auch für den Beitrag, den die einzelne kritisierte Handlung zum kollektiv verursachten Übel leistet. Moralischer Bewusstseinswandel ist also selbst ein kollektiv realisiertes Gut: Steter Tropfen höhlt den Stein. Das erfordert eine gewisse Verlässlichkeit und Beharrlichkeit in der Kritik.

Wie einzelne Äußerungen moralischer Kritik langfristig einen positiven Beitrag entfalten können, lässt sich am Beispiel der sogenannten Flugscham illustrieren. Klimaaktivistinnen haben immer wieder dafür argumentiert, dass man aus moralischen Gründen nicht in den Urlaub fliegen dürfe, und diejenigen kritisiert, die es dennoch getan haben. Diese Kritik ist zunächst so etwas wie eine äußere Sanktion durch andere. Interessanterweise ist sie von einigen Menschen internalisiert, d. h. in ein inneres negatives Gefühl umgewandelt worden: Scham über die (geplante) Flugreise. Scham ist ein sehr verhaltenswirksames Gefühl. Es erhöht die persönlichen Kosten des eigenen Fehlverhaltens und ändert die Anreizstrukturen: Flugreisen sind auch soziale Statussymbole; man will nicht nur an schöne Orte reisen, sondern auch *zeigen*, dass man dorthin gereist ist. Doch wer sich für die Flugreise schämt, wird wohl kaum vor anderen von seinem Urlaub in Thailand schwärmen. Auf diese Weise hilft Scham, die eigene Willensschwäche zu überwinden. Wer sich für eine Gewohnheit, die er für alles in allem betrachtet falsch hält, auch wirklich schämt, tut sich dann leichter darin, von der Gewohnheit abzulassen, statt wieder schwach zu werden.

Noch ist Flugscham nicht weit verbreitet. Doch auch ohne die Internalisierung externer Sanktionen können einzelne Äußerungen moralischer Kritik langfristig einen positiven Beitrag zum moralischen Fortschritt leisten. Man muss bei der Effektivitäts- und Effizienzbetrachtung nämlich auch soziale Multiplikator-Effekte berücksichtigen: Ein moralistischer Hinweis kann andere Menschen dazu bringen, über ein Problem genauer nachzudenken, und zum Gespräch mit wieder anderen Menschen anzuregen. Im Zuge solcher Gespräche verändert womöglich jemand sein Verhalten im Sinne der Kritik – was wiederum in Gesprächen mit anderen thematisiert werden, weitere Leute nachdenklich stimmen und wieder zu Verhaltensänderungen anregen könnte. Auf diese Weise können sich die Effekte einer einzelnen Äußerung moralischer Kritik über den unmittelbaren Adressatenkreis hinaus verbreiten. Gerade über die Diskussionen, die wir als Gesellschaft in (sozialen) Medien über moralistische Einlassungen führen, können einzelne Äußerungen langfristig zur Bildung eines neuen kollektiven Bewusstseins beitragen.

Die zunehmende Verbreitung vegetarischer und veganer Lebensweisen veranschaulicht dies. Indem Vegetarierinnen und Veganer die moralischen Aspekte ihrer Ernährungsweise in ihrem persönlichen Nahbereich thematisieren, ecken sie manchmal nicht nur moralistisch an, sondern stecken auch an. Andere Menschen stellen ihre Ernährung um, vegetarische und vegane Produkte werden vermehrt nachgefragt, das Thema Tierwohl in der Lebensmittelbranche wird medial prominenter diskutiert und rückt auch in der politischen Agenda nach vorne. Unternehmen reagieren inzwischen mit einer klareren Kennzeichnung von vegetarischen und veganen Lebensmitteln, was es wiederum einfacher macht, vegetarisch und vegan zu leben. Auf diese Weise können sich Konsummuster und politische Regulierungen ändern – auch wenn es (vielleicht zu) lange dauert.

Natürlich kommt es bei alledem wiederum sehr darauf an, *wie* die moralische Kritik formuliert ist. Mit motivierender, aufbauender und zum Handeln aktivierender Kritik fährt man auch hier wohl besser als mit Maximalforderungen oder einer hemmenden, vernichtenden Kritik. Doch die Tatsache, dass Flugscham immer häufiger anzutreffen ist und vegane Konsummöglichkeiten sich immer mehr verbreiten, verdeutlichen beispielhaft, dass auch Kritik, die anfänglich wahrscheinlich moralistisch war und dies vielleicht auch noch ist, letztlich zur Verbesserung der Welt beitragen kann. Auch im Zusammenhang mit kollektiv verursachten Übeln kann moralistische Kritik somit entgegen dem ersten Anschein am Ende doch wirksam und effizient dem moralischen Fortschritt dienen.

4.6 Guter Moralismus

Was heißt das nun für die Beantwortung der anfänglichen Frage, ob spezifisch *moralistische* Kritik auch eine gute Seite haben und moralisch zulässig sein kann? Tatsächlich lautet die Antwort darauf aus unserer Sicht: Ja, das ist möglich, wenn die moralistische Äußerung in Bezug auf das Ziel (die Welt zu verbessern oder sich mit denjenigen, die Unrecht erlitten haben, zu solidarisieren) wahrscheinlich effektiv und dabei insgesamt effizient ist.

Verschiedene Beispiele haben diese Möglichkeit plausibel gemacht: die Verteufelung geläuterter Sklavenhalter; der an die Schnitzelfreundin gerichtete moralistische Stupser; die Pauschalkritik an allen, die über den rassistischen Witz gelacht haben. Ganz allgemein scheint es einfach möglich, dass auch Kritik, die in einer der in Kapitel 2 erläuterten Weisen inhaltlich überzogen ist oder auf überzogene Weise kommuniziert wird, dennoch die gute Wirkung entfalten kann. Auch dann ist moralistische Kritik natürlich unbequem und in einer Hinsicht auch selbst verfehlt. Doch solange sie uns und andere doch dazu bewegt, das Richtige zu tun, müssen wir ein bisschen Moralismus wohl ertragen, damit es endlich besser wird. Es gibt also moralistische Äußerungen, die zumindest zulässig und vielleicht sogar geboten sind, ähnlich wie es natürlich auch nicht-moralistische Äußerungen moralischer Kritik gibt, die aus anderen Gründen unterm Strich unzulässig sind.

Die Grenze zwischen alles in allem moralisch zulässigen und unzulässigen Äußerungen moralischer Kritik ist somit nicht vollständig deckungsgleich mit der Grenze zwischen moralistischen und nicht-moralistischen Äußerungen.

Manchmal kann es für alle auf lange Sicht nützlich sein, im Einzelfall ein wenig moralisch überzureagieren. Ein bisschen Moralismus wäre dann zumindest hinzunehmen.

Das hat zwei wichtige Konsequenzen: Erstens eröffnet das einen gewissen Spielraum dafür, auf Moralismus differenzierter *reagieren* zu können. So kann es etwa durchaus einen Unterschied für den richtigen Umgang mit Moralismus machen, ob eine diskriminierte Gruppe aus ihrer Verletzung heraus moralistische Kritik übt mit dem Ziel, diskriminierende Strukturen zu verändern – oder ob sich Angehörige einer privilegierten Gruppe moralistisch ereifern, um auf diese Weise den ungerechten Status Quo zu zementieren. Denn bei der Kritik der ersten Gruppe ist im Unterschied zur Kritik der zweiten Gruppe immerhin erkennbar, dass sie – zumindest im Prinzip – dem moralischen Fortschritt dienen und damit tatsächlich effektiv und effizient sein könnte.

Zweitens bekommen wir einen gewissen Spielraum dafür, Moralismus differenziert *einzusetzen*. Denn dass Moralismus manchmal alles in allem betrachtet zulässig sein kann, ist eine gute Nachricht für diejenigen, die moralreformerisch unterwegs sind und dabei manchmal auch zu moralistisch überzogener Kritik greifen. Wie wir gesehen haben, besteht die Herausforderung für sie allerdings darin, die Kritik angesichts von reaktantem Verhalten und anderen moralischen Kosten richtig zu dosieren. Sie müssen die richtige Balance finden zwischen moralisch zulässiger Kritik, die uns als Gesellschaft insgesamt moralisch voranbringt, und solcher Kritik, die – mit Blick auf die verfolgten moralischen Ziele oder andere moralische Erwägungen – insgesamt eher Schaden anrichtet. Und manchmal kann uns auch moralistische Kritik moralisch voranbringen und alles in allem betrachtet zulässig sein. Hier kommt es dann darauf an, *wie genau* man die Kritik formuliert. Wir werden im übernächsten Kapitel noch einmal darauf zu sprechen kommen, auf was man achten sollte, wenn man sich mit ein bisschen, aber ohne zu viel an Moralismus für moralische Belange engagieren möchte.

Für unseren Umgang mit Moralismus ist aber jedenfalls klar: Man muss schon einen differenzierten Blick auf die jeweiligen konkreten Fälle werfen, um einschätzen zu können, ob der Vorwurf des Moralismus berechtigt ist – oder ob er nicht umgekehrt als Waffe im moralischen Diskurs missbraucht wird, um berechtigte moralische Anliegen und den Kampf gegen moralische Missstände zu torpedieren. In politischen Zusammenhängen könnte zum Beispiel der Verdacht aufkommen, dass der Moralismusvorwurf manchmal nur ein strategisches Machtinstrument ist. So wie moralistische Kritik für etwas Gutes kann also auch Moralismuskritik – eine moralische Kritik als moralistisch zurückzuweisen – für etwas Schlechtes eingesetzt werden. Das werden wir nun mit Blick auf zwei praktische Kontexte genauer betrachten.

5. Moralismus und Moralismuskritik in der Gesellschaft

Moral ist keine bloß philosophische Gedankenübung und auch keine rein private Angelegenheit. Vielmehr bilden Moral und moralische Kritik einen Teil des öffentlichen Lebens und damit auch einen Teil von Lebensbereichen wie der Wirtschaft, der Politik oder dem medialen Diskurs. Entsprechend sind auch Moralismus und die Kritik daran Bestandteil des öffentlichen Lebens. Der Vorwurf, eine bestimmte Form moralischer Kritik sei moralistisch, kann moralisch angebracht sein. Doch kann dieser Vorwurf auch selbst überzogen sein und strategisch missbraucht werden, wie die #MeToo-Debatte oder Diskussionen um die Black Lives Matter-Bewegung zeigen: Nicht selten wird der Vorwurf nämlich von den Gegnern der Bewegungen als eine Waffe zur Abwehr berechtigter Anliegen eingesetzt, um etwa antirassistisches oder antisexistisches Engagement oder auch Forderungen nach ökonomischer Gerechtigkeit zu diffamieren und sich so gegen legitime Kritik zu immunisieren. Umgekehrt können jedoch auch legitime Anliegen moralistisch überhöht werden und die eigene diskursive Intoleranz verschleiern, um eine vernünftige Auseinandersetzung zu ersticken. Wir möchten nun aufzeigen, dass in solchen Zusammenhängen ein genauer Blick auf die Phänomene sowie philosophische Differenzierungen hilfreich sind.

5.1 Der Moralismusvorwurf im öffentlichen Diskurs

Wie wir in Kapitel 1 gesehen haben, ist im öffentlichen Diskurs immer wieder von zunehmendem Moralismus die Rede. Es werde viel mehr von – und über – Moral geredet als früher, immer häufiger und lauter würden moralische Vorwürfe erhoben. Diese Beschreibung ist selbst ein durchaus moralisch gemeinter Vorwurf. Allerdings stellt sich die Frage, ob der Vorwurf der Sache nach angemessen ist. Die bloße Tatsache, dass mehr über Moral geredet wird und dass mehr moralische Vorwürfe gemacht werden als es früher der Fall war, reicht jedenfalls noch nicht aus, um den Verdacht zu bestätigen, dass vermehrt moralisiert wird. Es ist ja auch möglich, dass die moralischen Vorwürfe berechtigt sind. Dann wäre es eher eine gute Sache, dass mehr über Moral geredet wird. Auf diese Weise kämen im öffentlichen Diskurs nämlich moralische Probleme und Verfehlungen zur Sprache, die vorher unentdeckt geblieben oder verschwiegen worden wären.

Die Frage ist also vielmehr, ob im öffentlichen Diskurs gegenwärtig mehr *überzogene* moralische Ansprüche formuliert und mehr *überzogene* Vorwürfe gemacht werden als vorher. Nur wenn dies der Fall wäre, wäre es auch angemessen, kritisch von einem zunehmenden Moralismus in öffentlichen Diskursen, Politik oder Wirtschaft zu sprechen. Erst dann ließe sich auch sagen, ob und wann der Moralismusvorwurf zur Immunisierung gegen legitime moralische Kritik missbraucht wird.

Um sich diesen Fragen zu nähern, sind einige Differenzierungen und kritische Betrachtungen hilfreich. Zunächst ist dabei auf die Komplexität der diskursiven Lage hinzuweisen. Es ist nämlich gar nicht so leicht zu sagen, in welchem Maße der öffentliche Diskurs moralisiert ist und wie oft welche Vorwürfe erhoben werden. Dazu bedarf es einer sehr genauen Diskursanalyse, die für so komplexe Phänomene wie dem moralischen oder eben moralistischen Gehalt öffentlicher Diskurse nicht gerade einfach ist. Diese Tatsache gebietet zunächst einmal eine gewisse Zurückhaltung.

Zudem ist es verlockend, von einzelnen Fällen moralistischer Entgleisung auf eine allgemeine Tyrannei der Moral zu schließen oder aus einzelnen illegitimen Versuchen, andere an öffentlichen Auftritten zu hindern, vorschnell eine allgemeine Gefährdung der Meinungsfreiheit zu machen. Oft werden auch moralische Vorwürfe in der Politik, der Kunst oder der Wirtschaft als Indiz für einen übergreifenden Moralismus betrachtet. Doch solche unmittelbaren Schlüsse von Einzelfällen auf ein allgemeines Phänomen wie einen gesellschaftspolitisch gefährlichen Moralismus sind aus mehreren Gründen problematisch. Erstens müsste zunächst gezeigt werden, dass es sich bei den beschriebenen Fällen tatsächlich um einen moralisch problematischen Moralismus und nicht um legitime moralische Interventionen handelt.

Zweitens bedarf es eines Kriteriums dafür, wann einzelne moralistische Übergriffe so zahlreich geworden oder strukturell so tief im Diskurs verankert sind, dass es tatsächlich angemessen wäre, von einem allgemeinen Problem zu sprechen. Solche Differenzierungen fehlen noch weitestgehend.

Drittens schließlich sollte man sich ganz generell den bereits mehrfach angesprochenen Punkt in Erinnerung rufen, dass der Streit um die Berechtigung des Moralismusvorwurfs ein innermoralischer Streit ist: Was man jeweils für ein berechtigtes moralisches Anliegen und was für überzogene moralische Kritik hält und wie das moralische Sprechen selbst moralisch zu beurteilen ist, hängt eben von den jeweils eigenen moralischen Überzeugungen ab. Dabei darf man nicht die Möglichkeit übersehen, dass zumindest bei manchen Streitfragen mehrere unterschiedliche Moralvorstellungen zum gegenwärtigen Diskussionsstand wohlbegründet sein könnten. Nehmen wir zum Beispiel die Frage, ob nicht manche Protestformen des Klimaaktivismus moralistisch sind. Hier geht es offenbar um unterschiedliche moralische Bewertungen von Mitteln: Die eine Seite möchte gesellschaftliche und moralische Veränderung mit sehr starken und disruptiven Mitteln erreichen, also effektiven Klimaschutz z. B. mit massivem zivilen Ungehorsam erzwingen. Sie rechtfertigen diesen Ansatz mit der Schwere bestehender Ungerechtigkeiten und einer sich aus diesen ergebenden Dringlichkeit. Andere hingegen setzen auf langsamere und behutsamere Reformen, weil sie stärkere Mittel für unverhältnismäßig, übermäßig schädigend oder aber nicht nachhaltig wirksam halten. In solchen Fällen steht auf der einen Seite also nicht einfach eine moralisch ausgezeichnete und auf der anderen Seite eine moralistisch überzogene Position. Es gibt hier vielmehr einen gewissen Spielraum wohlerwogener Positionen und damit einen vernünftigen Streit darüber, was moralisch angemessen ist und was nicht.

Gerade in solchen Konflikten kann der Moralismusvorwurf jedoch geschickt als rhetorische Waffe eingesetzt werden. Abweichende und vielleicht besonders anspruchsvolle moralische Positionen werden dann als moralistisch diffamiert, um die eigene Position gegen moralische Kritik von der Gegenseite immun zu machen. Diese Unterstellung von Moralismus kann dabei die Inhalte der moralischen Ansprüche oder die kommunikative Ebene betreffen. In beiden Fällen ist es oft nicht leicht, die Unterstellung als rhetorischen Trick zur Selbstimmunisierung zu entlarven. Dafür braucht es jeweils eine genauere kritische Analyse.

Erschwerend kommt hinzu, dass auch eine genau umgekehrte Strategie denkbar ist: Eigentlich legitime moralische Anliegen werden auf moralistische Weise überhöht. Das kann wieder bestimmte Urteile betreffen, wie im Beispiel aus Kapitel 3, wenn Fleischkonsum als Tiermord bezeichnet wird. Es kann aber auch die kommunikative Ebene betreffen, wenn jemand aufgrund einer xenophob wirkenden gedankenlosen Äußerung stark angegangen wird.

Für solche moralischen Übertreibungen kommen verschiedene Gründe infrage: Es kann den Moralistinnen darum gehen, sich selbst über andere zu erheben, oder darum, den Zusammenhalt einer Gruppe zu stärken, die sich als moralische Avantgarde erlebt. Möglicherweise geht es aber auch darum, sich im öffentlichen Diskurs durch das rhetorische Mittel der Übertreibung erst einmal Gehör zu verschaffen.

Gerade in diesem Zusammenhang zeigt sich noch einmal besonders deutlich die Problematik aus Kapitel 4, wie schwierig es sein kann, eine moralische Gesamteinschätzung zu liefern. Wenn eine Gruppe mit ihrem moralisch legitimen Anliegen wirklich nicht gehört wird, dann könnte es ja durchaus moralisch erlaubt sein, sich mit dem Mittel der Übertreibung überhaupt erst einmal Gehör zu verschaffen. Vielleicht mussten die Tierrechts- oder die Klimabewegung erst gehörig auf den Putz hauen, um ihre Anliegen auf die politische Agenda bringen zu können.

In den folgenden beiden Abschnitten werden wir vor diesem Hintergrund an den Beispielen der Wirtschaft und Politik sowie der Meinungsfreiheit diskutieren, was der Moralismusvorwurf jeweils eigentlich besagt und was gegeben sein muss, damit er berechtigt ist.

5.2 Moral und Moralismus in Wirtschaft und Politik

Gemäß einer weit verbreiteten Ansicht sind Wirtschaft und Politik gesellschaftliche Bereiche, die vor allem von Interessenkonflikten geprägt sind. Schließlich geht es in der Politik um die Macht, festzulegen zu können, welche verbindlichen Regeln das Zusammenleben der Menschen bestimmen sollen. Um diese Macht wird gerungen. In der Wirtschaft geht es entsprechend darum, sich auf Märkten gegen Konkurrenten durchzusetzen und möglichst viel Geld zu verdienen. Da Geld bekanntlich auch Macht ist und nebenbei das Leben noch auf viele andere Weisen angenehmer macht, wird auch hier kräftig miteinander gerungen. Interessenkonflikte stehen also im Mittelpunkt von Politik und Wirtschaft. Moral hingegen habe dort nichts zu suchen, so behaupten manche Kommentatorinnen. Politik und Wirtschaft seien moralfreie Bereiche der Gesellschaft, in denen lediglich das Eigeninteresse herrscht. Wer dennoch mit moralischen Urteilen politisches und wirtschaftliches Handeln bewertet, mache sich eines bestimmten Typs des Moralismus schuldig. Er trägt die Moral in einen

Bereich, in dem sie nichts verloren hat, so lautet der Vorwurf, wie wir ihn in allgemeiner Form bereits in Kapitel 2 kritisch diskutiert haben.

Wenn man politische und wirtschaftliche Konflikte bändigen möchte, dann müsse man, so geht die Argumentation häufig weiter, auch genau bei diesem Eigeninteresse ansetzen. In der Politik lasse sich die Anwendung von Gewalt etwa nur durch den Hinweis verhindern, dass es auf diese Weise zu einer Gewaltspirale kommt, die für alle Beteiligten massiv schädlich ist. Nur auf diese Weise – und nicht durch Appelle an Moral und Gerechtigkeit – lassen sich, so die Kritiker, staatliche Strukturen und friedliche Machtübergaben rechtfertigen und praktisch umsetzen.[12] In der Wirtschaft muss ebenfalls mit Anreizen gearbeitet werden, um Akteure zu kooperativem Verhalten zu bewegen. So etwas wie Klimaschutz oder bessere Arbeitsbedingungen wird dieser Argumentation zufolge nicht mithilfe von Diskussionen über Gerechtigkeit erreicht, sondern indem diese Dinge über Anreizstrukturen wirtschaftlich interessant gemacht werden.

Diese gängige (und verkürzende) Kritik an der Moral in Politik und Wirtschaft als einer Form von Moralismus lässt sich unterschiedlich interpretieren:

Einem ersten Verständnis entsprechend hat Moral in Politik und Wirtschaft absolut nichts verloren. Die politische Staatsräson und die wirtschaftliche Rationalität wären von Moral freizuhalten. Diese absolutistische Position lässt sich mit Blick auf die Diskussion in Kapitel 2 einerseits als ein Kategorienfehler deuten: Moralische Gesichtspunkte in politische und wirtschaftliche Belange hineinzutragen, wäre dann ebenso falsch, wie die Korrektheit mathematischer

Lösungswege nach ästhetischen oder rechtlichen Gesichtspunkten zu beurteilen. Allerdings geht es in Wirtschaft und Politik um zwischenmenschliche Belange sowie um Fragen des Zusammenlebens, und damit stellen sich immer auch moralische Fragen. Es ist also nicht kategorial deplatziert, an Politik und Wirtschaft moralische Ansprüche zu stellen.

Andererseits kann die absolutistische Forderung nach Moralfreiheit in Politik und Wirtschaft auch selbst als eine moralische Forderung aufgefasst werden, die das Gewicht moralischer Erwägungen beschränkt: Es ist *moralisch* unangebracht, in Wirtschaft und Moral moralische Erwägungen ins Spiel zu bringen. Dies wäre dann gewissermaßen die einzige moralische Regel, die für Politik und Wirtschaft gilt. Sie besagt, dass Moral jenseits dieser moralischen Regel in Wirtschaft und Politik fehl am Platze ist. Solch eine Regel wäre einigermaßen seltsam. Das Hauptproblem besteht jedoch darin, dass überhaupt nicht klar ist, was eigentlich für diese seltsame moralische Regel sprechen sollte. Manche meinen, dass Politik und Wirtschaft dann die besten Ergebnisse erbringen, da der Markt ja selbst alles richten werde. Doch kommt man schnell ins Grübeln, was eigentlich die besten Ergebnisse sind und wie diese als solche zu bewerten sind. Das sind ihrerseits selbst wieder moralische Fragen, und die Position von der angeblichen Moralfreiheit entpuppt sich schnell selbst als eine spezifisch moralische Position, die besagt, dass ökonomische Rationalität und politische Staatsräson geboten seien, weil sie die moralisch besten Ergebnisse liefern, und dass es darüber hinaus verboten sei, irgendwelche anderen moralischen Ansprüche an die Wirtschaft und Politik zu stellen, weil das diese besten Ergebnisse gefährdet. Solch eine Position kann man natürlich anzweifeln. Genau das wird in der Wirtschaftsethik und politischen Ethik auch immer wieder getan. Dabei handelt es sich dann aber um einen Streit zwischen verschiedenen moralischen Standpunkten, die im Spielraum wohlbegründeter Positionen und damit nicht offenkundig unvernünftig sind. Der Moralismusvorwurf ist dann zumindest in seiner plakativen Form unangebracht. Er dient wie auch in anderen Fällen dazu, unliebsame Positionen diskursiv auszuschließen, und dies würde klarerweise einen Missbrauch des Vorwurfs bedeuten.

Die Kritik an der Moral in Politik und Wirtschaft als einer Form von Moralismus lässt sich allerdings auch noch anders deuten. Demnach sei die Moral in Wirtschaft und Politik nicht aus kategorialen oder moralischen Gründen fehl am Platze, sondern sie sei vielmehr wirkungslos. Es ist dann zwar erlaubt, moralische Forderungen zu stellen und Vorwürfe zu machen, nur kommt die Moral gegen die politische Staatsräson und die ökonomische Rationalität einfach nicht an, sondern prallt wirkungslos an den Macht- und Profitinteressen der Akteure ab. Moralische Urteile in Wirtschaft und Politik sind dann insofern überzogen, als ihnen eine Relevanz und Wirkung zugeschrieben wird, die sie aber gar nicht haben. Moralismus in diesen Sphären beruhe auf solch einer falschen Zuschreibung.[13]

Allerdings ist nicht klar, ob es sich in diesem Fall wirklich um Moralismus handelt. Unter der Voraussetzung, dass moralische Urteile und Vorwürfe erlaubt sind und sie darüber hinaus sachlich zutreffend sind: Sind sie dann wirklich schon deswegen überzogen, weil sie auf unmoralische Akteure keine Auswirkungen haben? Die Angemessenheit von moralischen Urteilen und die Übertriebenheit moralistischer Urteile scheint doch zumindest nicht ausschließlich davon abzuhängen, ob sie eine weltverbessernde Wirkung entfalten, sondern auch, ob sie der Sache nach zutreffend sind oder nicht. Ein Grund dafür könnte eben sein, dass man immerhin seine persönliche Integrität schützt, indem man zu seinen moralischen Überzeugungen steht, oder dass es der Solidarität mit anderen dient, wie wir in Kapitel 4 diskutiert haben. Es hieße, die Effektivität der Moral zu eng zu verstehen, wenn ausschließlich von ihrem Erfolg mit Blick auf eine reale Weltverbesserung abhängen würde, ob moralische Urteile und Vorwürfe überzogen sind. Der Vorwurf scheint daher eher ein anderer zu sein – dass man nämlich in Politik und Wirtschaft nicht glauben sollte, dass sich moralische Forderungen leicht durchsetzen werden. Es wäre demnach einfach naiv oder moralisch verblendet, zu glauben, die Moral hätte in diesen gesellschaftlichen Bereichen ein leichtes Spiel.

Daraus folgt jedoch nicht, dass sie gar keine Rolle spielen (können). In beiden Bereichen besitzt beispielsweise Vertrauen eine große Bedeutung. Langfristiges Vertrauen setzt aber verantwortliches Handeln voraus, und dies bedarf wiederum einer gewissen moralischen Verlässlichkeit.[14]

Warum ist das so? Nur Menschen, die verlässlich sind, haben die charakterliche Festigkeit, auch gegen Widerstände verantwortlich zu handeln. Nur wenn Menschen auch in schwierigen Situationen ihr Verantwortungsbewusstsein bewiesen haben, wird ihnen auch langfristig und auf tiefe Weise vertraut. Das gilt wahrscheinlich nicht immer, doch ziemlich häufig. Vertrauen und Verantwortung sind für Kooperationen in Wirtschaft und Politik also von großer

Bedeutung. An dieser Stelle spielt Moral also durchaus eine gewisse Rolle. Und es lassen sich noch andere Beispiele finden: So treffen viele Wählerinnen ihre Wahlentscheidungen auch aus moralischen Gründen. Viele Konsumenten lassen moralische Gründe in ihre Kaufentscheidungen einfließen. Die Moral entfaltet in Politik und Wirtschaft also durchaus Wirkung, auch wenn die Wirkung nicht so groß sein mag, wie man sich das wünschen würde.

Diese Einsicht führt zu einem weiteren möglichen Verständnis von Moralismus in solchen gesellschaftlichen Sphären wie der Wirtschaft und der Politik. Dieses Verständnis gesteht moralischen Erwägungen in diesen Bereichen durchaus eine legitime Rolle zu – und zwar ein Stück weit auch unabhängig davon, ob und wie viel Wirkung moralische Forderungen und Vorwürfe erzielen. Nur tritt die Beobachtung hinzu, dass bestimmte moralische Urteile und Vorwürfe im Bereich der Politik und der Wirtschaft überzogen sind, obwohl sie dies in *anderen* gesellschaftlichen Sphären nicht wären. Der Grund dafür ist, dass in der Politik die Fragen der Staatsräson und der Macht bedeutsam und in der Wirtschaft das ökonomische Eigeninteresse und wirtschaftliche Macht sehr wichtig sind. Es bestehen hier fundamentale Interessengegensätze, produktive Konkurrenzkämpfe spielen eine wichtige Rolle und gleichzeitig müssen eine gewisse Stabilität und Ordnung aufrecht erhalten werden. Diese Gesichtspunkte erzeugen eine eigene normative Logik und verändern das relative Gewicht moralischer Erwägungen.

So haben etwa politische Freundschaften einen anderen Charakter als private Freundschaften. Man sollte von politischen Freunden aus diesem Grunde nicht dieselbe Treue erwarten wie von privaten Freundinnen, und es wäre moralistisch, dies doch zu tun. Aus demselben Grund darf man von Geschäftspartnerinnen nicht unbedingt große Geschenke erwarten, wenn man sich einen Lebenstraum verwirklichen möchte, was im privaten Bereich jedoch durchaus angemessen sein könnte.

Wie genau diese politischen und ökonomischen Logiken die Anforderungen und Ansprüche der Moral beeinflussen, ist eine vertrackte Frage für die philosophische Ethik und Verantwortungstheorie. Hier ist es wichtig festzuhalten, dass es auch von der gesellschaftlichen Sphäre und ihren normativen Spielregeln abzuhängen scheint, was moralistische und was nicht überzogene Urteile und Forderungen sind. Das bedeutet jedoch nicht, dass Moral in der Wirtschaft und Politik nichts verloren hätte. Man muss sich nur über die normativen Besonderheiten dieser Bereiche im Klaren sein, wenn man nicht moralistisch urteilen möchte.

5.3 Moralismus, die Medien und Meinungsfreiheit

Der Moralismusvorwurf wird derzeit insbesondere mit Blick auf den öffentlichen Diskurs einschließlich der Wissenschaft erhoben. Dabei steht die Frage im Raum, ob Meinungs- und Wissenschaftsfreiheit durch einen überhandnehmenden Moralismus gefährdet werden: Tragen überzogene moralische Urteile und Vorwürfe dazu bei, dass freie Meinungsäußerungen und wissenschaftliche Betätigungen nur noch eingeschränkt möglich sind?

Um diese Frage beantworten zu können, bedürfte es auch

hier einer detaillierten Analyse gesellschaftlicher Verhältnisse in konkreten Gesellschaften. Man müsste also etwa in Deutschland oder Österreich breit angelegte Untersuchungen durchführen. Uns geht es jedoch zunächst darum, besser zu verstehen, was der Moralismusvorwurf mit Blick auf die Meinungsfreiheit und Wissenschaftsfreiheit eigentlich besagt und was der Fall sein müsste, damit der Vorwurf auch berechtigt wäre. Wir konzentrieren uns dabei auf die umfassendere Debatte zur Meinungsfreiheit und klammern die besonderen Eigenheiten der Debatte um Wissenschaftsfreiheit der Übersicht halber aus.[15]

Die Diagnose einer moralistischen Gefährdung der Meinungsfreiheit geht davon aus, dass Menschen aufgrund überzogener moralischer Kritik zum Schweigen gebracht werden. Manche, so die These, würden wegen ihrer Ansichten von vielen Seiten mit überzogenen Vorwürfen belegt, die sie verunsichern und verletzen. Daher trauten sie sich nicht mehr, ihre Meinung offen zu äußern. Andere ziehen Konsequenzen aus dieser Art, das Gegenüber moralistisch mundtot zu machen, und zensieren sich von Vornherein selbst. Auf diese Weise, so die Analyse, entstehen ein starker Konformitätsdruck oder Schweigespiralen, so dass eine in der Bevölkerung oder einer anderen Gruppe weit verbreitete Meinung nicht mehr zur Sprache kommt und kein Gehör mehr findet.[16] Gesetzt den Fall, dass diese Analyse stimmt, würde nicht nur Meinungsfreiheit effektiv eingeschränkt, sondern es würden sich auch andere negative Effekte ergeben: Diskurse würden einseitig, Menschen sähen sich missachtet und unterschwellig bauten sich unversöhnliche politische Gegensätze auf, die irgendwann eruptiv durchbrechen könnten (entsprechend diesem Muster wird etwa die Entwicklung von Pegida und anderen rechtspopulistischen Bewegungen gedeutet).

Sollte diese Diagnose zutreffen, würde es sich um ein ernstes Problem handeln. Solche systematischen Einschränkungen der Meinungsfreiheit wären mit einer freiheitlich-demokratischen Gesellschaft unvereinbar und würden eine ernste Gefahr für sie darstellen.

Doch wird die Meinungsfreiheit tatsächlich durch einen einseitigen moralistischen Diskurs eingeschränkt? Diese Diagnose vorschnell anzubringen provoziert nämlich selbst den Verdacht, den öffentlichen Diskurs beschädigen zu wollen. Um die tatsächliche Lage besser einschätzen zu können, sind unserer Ansicht nach zumindest drei Beobachtungen wichtig.

1. Man muss immer zwischen der rechtlichen und der moralischen Ebene unterscheiden. Auf rechtlicher Ebene ist das Recht auf Meinungsfreiheit ein Abwehrrecht gegen den Staat. In Art. 5 GG Abs. 1 heißt es:

> Jeder hat das Recht, seine Meinung in Wort, Schrift und Bild frei zu äußern und zu verbreiten und sich aus allgemein zugänglichen Quellen ungehindert zu unterrichten. Die Pressefreiheit und die Freiheit der Berichterstattung durch Rundfunk und Film werden gewährleistet. Eine Zensur findet nicht statt.

Abs. 3 ergänzt:

> Kunst und Wissenschaft, Forschung und Lehre sind frei. Die Freiheit der Lehre entbindet nicht von der Treue zur Verfassung.

Meinungs- sowie Wissenschaftsfreiheit bedeuten vom Grundgesetz her gesehen also, dass der Staat diese nicht einschränken darf.

Entsprechend ist der Staat sehr zurückhaltend mit der Sanktionierung von Meinungsäußerungen, die aus nichtrechtlicher Perspektive gesehen als beleidigend gelten. Erst wenn der Schwerpunkt einer Äußerung auf einer Beleidigung liegt und sie gar nicht anders verstanden werden kann oder diese Äußerung klarerweise eine Schmährede darstellt oder direkt zur Gewalt aufruft, greift der Staat ein. Das gilt beispielsweise dann, wenn auf einem Wahlplakat steht: »Hängt die Grünen«. Und selbst in diesem Fall hat erst eine Rechtsprüfung über mehrere Instanzen ergeben, dass diese Äußerung nicht durch die Meinungsfreiheit gedeckt ist. Schon allein wegen dieser sehr großen Zurückhaltung kann man mit einigem Recht behaupten, dass die rechtliche Meinungsfreiheit in Deutschland derzeit nicht gefährdet ist. Niemand muss befürchten, für kontroverse Äußerungen mit Verhaftung, Folter, Zwangsarbeit oder seinem Leben zu bezahlen. Das ist in Ländern wie China, Russland oder der Türkei ganz anders, und es ist wichtig, hier einen klaren Unterschied machen zu können. Möglicherweise ist es auch moralisch falsch, diesen Unterschied durch Ausdrücke wie ›Meinungsdiktatur‹ zu verwischen, weil es Errungenschaften und Robustheit des liberal-demokratischen Rechtsstaates vorschnell leugnet.

Anders ist die Lage, wenn in der Gesellschaft jenseits des Staates die individuellen Meinungsäußerungen sozial sanktioniert werden. Hier kann es durchaus sein, dass soziale Sanktionen von digitalem Mobbing bis hin zur Entlassung dafür sorgen, dass Menschen sich nicht mehr trauen, ihre

Meinung zu äußern. Das lässt sich sehr wohl auch als Einschränkung eines moralischen Rechts auf Meinungsfreiheit bezeichnen. Allerdings sollte klar sein, dass in diesen Fällen dann nicht das juristische Abwehrrecht gegen den Staat gemeint ist, das ein zentrales Fundament der liberalen politischen Grundordnung darstellt. Diesen Unterschied unvorsichtigerweise oder absichtlich nicht deutlich zu machen, kann moralistisch wirken, weil man damit eine moralische Übertreibung in Kauf nimmt oder gar auf solch einen Effekt setzt. Man sollte besser klar begrifflich zwischen den verschiedenen Fällen trennen und eher von einer Gefährdung des zivilisierten Diskurses sprechen.

2. Es stellt sich dann die Frage, wie die Regeln für solch einen zivilisierten Diskurs lauten. Wir möchten vor allem einen Punkt betonen: Es erscheint wenig plausibel, anzunehmen, Moral und moralische Vorwürfe dürften in solch einem Diskurs gar keine Rolle spielen. Moral selbst dient ja gerade dazu, Diskurse zu zivilisieren und etwa beleidigende oder erniedrigende Äußerungen als solche zu kritisieren. Statt eines vollständigen Moralverzichts braucht es vielmehr Regeln, um überzogene Ansprüche und überzogene Vorwürfe zurückweisen zu können. Solche Regeln sind also auf die Unterscheidung von moralistischen und nicht überzogenen moralischen Urteilen bzw. Vorwürfen angewiesen. Wir kommen deshalb nicht umhin, diese Unterscheidung auch dort zu thematisieren, wo strittig ist, wo genau die Grenzen verlaufen. Es gibt sicherlich Fälle von moralistischem *silencing*, bei denen jemand durch überzogene Vorwürfe mundtot gemacht wird. Doch sind diese Fälle gegenüber berechtigter moralischer Kritik auf der einen Seite und Hassrede sowie Beleidigungen auf der ande-

ren abzugrenzen, die mit Moral gar nichts zu tun haben, aber natürlich Menschen ebenfalls zum Schweigen bringen können. Es wäre nämlich höchst problematisch, wenn Moral und moralische Kritik aus dem öffentlichen Diskurs ganz verbannt werden sollen, um der Gefahr eines moralistischen *silencing* kategorisch zu entgehen. Denn auf diese Weise gingen auch alle zivilisierenden und Solidarität stiftenden Effekte der moralischen Gegenrede verloren. Jede rechtlich nicht relevante Beleidigung und Erniedrigung könnte dann einfach so stehenbleiben, ohne dass ihnen in gebotener Vehemenz widersprochen werden könnte. Das ist offensichtlich kein gangbarer Weg.

3. Auch wenn geklärt ist, dass es hier eigentlich gar nicht um (grund-)rechtliche Fragen geht, so bleibt doch noch offen, was an dem Vorwurf dran ist, ein Zuviel der Moral gefährde die freie Meinungsäußerung. Richtig ist, dass moralische Urteile und Kritik argumentativen oder aber konformistischen Druck ausüben können. Jemand kann seine Position ändern, weil ihn moralische Kritik überzeugt – oder aber weil er sozial nicht auffallen und nicht sanktioniert werden will. In letzterem Fall erweckt er nur den Anschein, als sei er überzeugt, obwohl er in Wahrheit einem Konformitätsdruck nachgibt. Ähnliches gilt natürlich auch für moralistische Urteile.

Es ist aber wichtig zu sehen, dass nicht jede Form von Konformitätsdruck die Äußerung moralischer Kritik automatisch zu einem nötigenden Angriff auf die freie Meinungsäußerung macht. Mit gewissen Sanktionen muss man einfach rechnen, wenn man sich ins moralische Abseits hineinmanövriert. Wer rassistische Witze macht, kann sich nicht darüber beschweren, von den Nachbarn nicht mehr zum Abendessen eingeladen zu werden. Von Zwang, Nötigung oder Übergriff kann hier ebenso wenig die Rede sein, wie wenn die Nachbarn die Witze als rassistisch kritisieren. Manche schreien allzu leicht »Meinungsfreiheitsverletzung!«, wenn sie sich mit unliebsamen sozialen Folgen ihrer moralisch kritikwürdigen Meinungsäußerung konfrontiert sehen.

Die schwierige Frage drängt sich natürlich auf, ab wann soziale Sanktionen diesen nötigenden Zwangscharakter bekommen und ab wann der Konformitätsdruck moralisch unangemessen wird. In jedem moralischen Diskurs besteht die Herausforderung dann darin, die argumentative Kraft moralischer Urteile und Vorwürfe zu erhalten und gleichzeitig den Konformitätsdruck auf ein moralisch angemessenes Maß zu reduzieren. Hier ist also einmal mehr moralisches Fingerspitzengefühl erforderlich und ein allzu großes Selbstbewusstsein kann dem entgegenstehen. Erschwerend kommt hinzu, dass manchmal auch Konformitätsdruck erwünscht ist und richtig sein kann. Wenn sich jemand nicht mehr argumentativ von seinem geschlossenen rassistischen Weltbild abbringen lässt und eine rassistische Erniedrigung bloß aufgrund von Konformitätsdruck unterlässt, ist das doch besser, als wenn er seinem Hass freien Lauf ließe.

Es ist darum wichtig, jeden einzelnen Fall genau anzuschauen, ihn differenziert und möglichst unparteilich zu betrachten. Dann wird sich zeigen, ob es sich dabei um berechtigte moralische Kritik, moralistische Vorwürfe oder aber bloße Beleidigungen jenseits aller Moral handelt. Eine solche differenzierte Betrachtung ist nötig, um feststellen zu können, ob wirklich eine strukturelle Gefährdung der moralischen Meinungs- und Wissensfreiheit besteht oder ob es sich nur um eine mehr oder weniger große Zahl von ärgerlichen Einzelfällen handelt. Eine bloße Aufzählung dieser Fälle jedenfalls reicht offensichtlich nicht aus, um dies entscheiden zu können. Jedenfalls wäre es vorschnell, so zu tun, als könne man aus einer Reihe von Fällen unmittelbar ein strukturelles Problem ableiten. Stattdessen bedarf es selbst eines differenzierten und respektvollen öffentlichen Diskurses über die Abgrenzung von moralisch zulässigen und moralistisch überzogenen Äußerungen.

6. Über den praktischen Umgang mit Moralismus

Immer wieder, dort hatten unsere Überlegungen angesetzt, wird ein zunehmender Moralismus beklagt. Viel ist von »Hypermoral«, »Gutmenschentum« oder gar »Tugendterror« die Rede. Wie gesagt: Ob diese Diagnose einer moralistischen Diskursverschiebung zutrifft, können wir nicht abschließend beantworten, weil das letztlich eine Frage für detailliertere sozialwissenschaftliche Untersuchungen ist. Aber unser Vorschlag aus Kapitel 2 liefert einen Ausgangspunkt für solche Untersuchungen: Demnach lassen sich verschiedene Spielarten des Moralismus unterscheiden und als Übertreibungen im moralischen Urteil oder in dessen Kommunikation verstehen. Es sind moralische Fehlreaktionen, mit denen auf überzogene Weise die moralische Qualität von etwas thematisiert wird.

Wir haben in den Kapiteln 3 bis 5 näher untersucht, was an den verschiedenen Spielarten des Moralismus moralisch problematisch ist, ob Moralismus nicht auch manchmal gute Seiten hat und wie auch die in öffentlichen Diskursen vorgebrachte Kritik am Moralismus selbst problematisch sein kann. Was aber folgt aus diesen Überlegungen für unseren praktischen Umgang mit dem Moralismus? Wie sieht ein moralisch verantwortungsvoller Umgang mit dem Phänomen aus?

Einer Antwort auf diese Frage möchten wir uns abschließend aus zwei Perspektiven nähern. Zum einen können wir sozusagen als Empfängerin mit Moralismus und Moralismusvorwürfen konfrontiert sein. Wie sollte ich auf den

Moralismus reagieren, der mir oder Dritten entgegenschlägt? Und wie sollte ich mit (an mich oder andere gerichteten) Moralismusvorwürfen umgehen, insbesondere wenn sie offensichtlich dazu dienen, berechtigte moralische Anliegen abzublocken?

Zum anderen können wir als Sender auch selbst moralistisch sein oder unberechtigte Moralismusvorwürfe erheben. Wie kann ich verhindern, dass ich selbst in meinen moralischen Urteilen und ihrer Kommunikation in einen ungerechtfertigten Moralismus abgleite? Und worauf muss ich achten, wenn ich den Moralismus anderer kritisiere?

Unserer Ansicht nach legen die bisherigen Überlegungen nahe, dass man im Umgang mit Moralismus sowohl als Empfänger als auch als Senderin *moralische Besonnenheit im Dienste des moralischen Fortschritts* an den Tag legen sollte. Was könnte das heißen?

6.1 Wenn man moralisch kritisiert

Die Situation ist nur allzu bekannt: Man glaubt, dass sich jemand moralisch falsch verhalten hat, und man verspürt nun den Impuls, dies auch zu äußern und die Person zu kritisieren. Ein erster wichtiger Schritt zur Vermeidung von Moralismus besteht darin, an dieser Stelle innezuhalten und sich zu fragen, ob das eigene moralische Urteil oder die Art, wie man es kommunizieren wollte, nicht überzogen sein könnte: Habe ich wirklich gründlich geprüft, welche Gründe das Handeln der Person moralisch rechtfertigen könnten? Habe ich – gerade in politischen und ökonomischen Kontexten, aber auch bei Hochzeitsfeiern – alle normativ relevanten Gesichtspunkte berücksichtigt? Wie sicher bin ich mir darin, dass die Person alles in allem moralisch falsch handelt? Ist die Schärfe meiner Kritik dem Vergehen angemessen? Könnte ich meine Kritik auch anders formulieren? Da Überzogenheit unseren Überlegungen zufolge das Kriterium ausmacht, das moralistische von anderen moralischen Urteilen und Äußerungen unterscheidet, stellt eine solche selbstkritische Überzogenheitsprüfung den ersten Schritt auf dem Weg zu mehr moralischer Besonnenheit dar.

Dabei sollte man sich um eine umfassende Betrachtungsweise bemühen: Moralische Erwägungen sind vielfältig und nicht das einzige, das bestimmt, was wir alles in allem tun sollten. Im Eifer des moralischen Gefechts geschieht es leicht, dass man sich auf einen Aspekt versteift und dabei andere relevante Aspekte übersieht, etwa die Beeinträchtigung von Freundschaften oder anderen sozialen Beziehungen. In der Rolle der kritisierenden Person sollte man sich darum immer auch fragen, ob man die Erwägungen, denen man Gehör verschaffen will, im Verhältnis zu den anderen Gütern, die in einer Situation auf dem Spiel stehen, nicht zu wichtig nimmt, und ob die eigene moralische Kritik nicht moralisch ineffizient ist: Habe ich die möglichen Schädigungen bedacht, die meine Äußerung und insbesondere Vorwürfe haben können? Sind diese gerechtfertigt und in Kauf zu nehmen oder sprechen sie für mehr Zurückhaltung? Moralische Besonnenheit besteht auch darin, moralischen Erwägungen den angemessenen Platz einzuräumen und in diesem Sinn eine gewisse *Umsicht* walten zu lassen.

Eine besondere Herausforderung besteht natürlich darin, dass auch bei einer umsichtigen Betrachtungsweise gar nicht so leicht zu sagen ist, wann moralische Urteile oder Äußerungen tatsächlich überzogen sind: Ein Vorwurf, der auf manche schon recht rigoros wirkt, erscheint anderen viel zu milde. Man sollte dabei also immer im Auge behalten, dass es hier eben um eine *moralische* Auseinandersetzung über moralisches Urteilen und moralische Kommunikation geht. Der Pluralismus moralischer Vorstellungen, den wir in Kapitel 3 bereits angesprochen haben, erstreckt sich eben auch auf Einschätzungen der Überzogenheit von moralischen Urteilen und deren Äußerung.

Doch wie bereits betont, bedeutet diese Vielfalt nicht automatisch, dass alle Ansichten, die uns begegnen, gleichermaßen begründet sind. Um zu wirklich wohlerwogenen Auffassungen darüber zu kommen, wann moralische Urteile und Äußerungen überzogen sind, sollte man diese Vielfalt als Ausgangspunkt einer *kritisch-argumentativen Vergewisserung* ernst nehmen: Indem man die eigenen Sachinformationen prüft, nach widersprechenden Evidenzen und Gründen für die Gegenposition sucht sowie die Perspektive wechselt, bemüht man sich um Unparteilichkeit. Wenn man dabei möglichst verschiedene Stimmen hört, steigen die Chancen, dass das vielfältigere Bild auch zu einem vollständigeren wird. Nur wenn einem die eigenen Urteile und Äußerungen auch nach solch einer sorgfältigen, umsichtigen Vergewisserung noch angemessen und nicht überzogen erscheinen, ist die selbstkritische Überzogenheitsprüfung erfolgreich beendet.

6.2 Wenn einem Moralismus vorgeworfen wird

Es ist natürlich möglich, dass Dritte trotz allen Bemühens um Besonnenheit einen moralischen Kommentar als moralistisch überzogen kritisieren. Wie sollte man reagieren, wenn einem selbst (oder anderen) Moralismus vorgeworfen wird?

Hier ist es hilfreich, die Unterscheidung zwischen zwei Arten von Moralismus aus Kapitel 2 heranzuziehen. Man kann dann zunächst fragen, auf was genau sich der Moralismusvorwurf bezieht: Geht es um Überzogenheit im Inhalt meines moralischen Urteils oder eher in der Art und Weise, wie ich mein Urteil kommuniziert habe? Und welche konkrete Erscheinungsform könnte hier jeweils im Spiel sein: Wird mir vorgeworfen, dass mein Urteil inhaltlich überzogen ist, weil ich auf Prinzipien herumreite, andere an den Moralpranger stelle oder eine Sache ungebührlich moralisch auflade? Oder halten andere die Art und Weise, wie ich mich geäußert habe, für tugendprotzerisch, oberlehrerhaft oder moralisch übergriffig? Der erste Schritt einer besonnenen Reaktion auf den Moralismusvorwurf besteht also in einem *Klärungsversuch*: Man versucht sich darüber klarzuwerden, was der Vorwurf eigentlich besagt.

Und dann? Es fällt natürlich nicht immer leicht, einen kühlen Kopf zu bewahren, wenn wir Kritik und Vorwürfen ausgesetzt werden. Oft verfallen wir reflexhaft in eine Verteidigungshaltung. Besonnen reagiert man hingegen, wenn man sich um einen respektvollen Umgang mit seinem Gegenüber bemüht und ihn in der moralischen Frage, wie man über moralische Fragen sprechen sollte, zunächst als ebenbürtig kompetent versteht. Und das bedeutet, dass man dessen Moralismusvorwurf ernst nimmt und sich inhaltlich mit diesem auseinandersetzt. Man nimmt den Vorwurf dann zum Anlass, (erneut) selbstkritisch zu prüfen, ob man überzogen reagiert hat: Könnte nicht doch etwas dran sein an dem Vorwurf moralistischer Überzogenheit? Ist mein Urteil vielleicht doch zu harsch ausgefallen, weil ich normativ relevante Gesichtspunkte nicht berücksichtigt habe? War meine Kritik vielleicht unverhältnismäßig scharf?

Dabei kann der vorherige Klärungsversuch einen Anhaltspunkt dafür liefern, auf welche Form vermeintlicher Überzogenheit hin man sich überhaupt selbstkritisch prüfen soll. Eine solche Überlegung ist wichtig, um klären zu können, ob der erhobene Moralismusvorwurf nun eigentlich *berechtigt* ist oder nicht. Richtet sich der Vorwurf auf den Inhalt meines Urteils, so sollte sich die weitere Diskussion auf die dem Urteil inhaltlich zugrunde liegenden Moralvorstellungen konzentrieren. Richtet sich der Vorwurf hingegen darauf, wie ich mein Urteil geäußert habe, so sollte die Frage im Mittelpunkt stehen, ob meine Kommunikation angemessen war. Eine solche Fokussierung kann erheblich zur Versachlichung beitragen, weil sachfremde und womöglich noch konfliktträchtigere Nebenschauplätze außen vor bleiben. Das erhöht die Chancen, die Berechtigung des im Raum stehenden Moralismusvorwurfs im konstruktiven Gespräch klären zu können.

Dass man sich bei der Reaktion auf den Moralismusvorwurf um Besonnenheit bemüht, bedeutet natürlich nicht, dass man zwangsläufig zurückstecken muss. Es ist zunächst eine offene Frage, ob der Vorwurf schlussendlich berechtigt ist oder nicht. Dies gilt umso mehr angesichts der Gefahr, dass der Moralismusvorwurf als strategische Waffe im moralischen Diskurs eingesetzt wird. Die selbstkritische Prüfung auf Überzogenheit muss nämlich nicht nur den Vorwurf als solchen ernstnehmen, sondern auch die Möglichkeit in Betracht ziehen, dass dieser Vorwurf dazu dient, sich gegen berechtigte moralische Kritik zu immunisieren.

Zwar kann es in zweiten Fall angezeigt sein, den entsprechenden Moralismusvorwurf als ungerechtfertigt und nur dem Selbstschutz dienend zu entlarven. Doch sollte auch das mit Vorsicht und Gelassenheit geschehen. Denn wenn man auf das Selbstimmunisierungsmanöver mit zu scharfer moralischer Kritik reagiert, spielt das denjenigen, die sich selbst schützen wollen, wahrscheinlich eher in die Hände. Sie können dann getroffen den Zeigefinger erheben und betonen, wie sehr sie nun erneut Opfer einer moralistischen Überheblichkeit geworden seien. Wenn man das zulässt, ist man der Immunisierungslogik bereits aufgesessen. Eine besonnene Reaktion auf den Moralismusvorwurf zeichnet sich vielmehr dadurch aus, dass sie auch hier die in Kapitel 4 thematisierten Kriterien der moralischen Effektivität und Effizienz im Blick behält. In den meisten Fällen wird das den Einsatz für die gerechte Sache unterstützen und einmal mehr verhindern, ihm einen selbstgerechten oder gar jähzornigen Anschein zu geben.

6.3 Wenn man moralistisch kritisiert wird

Manchmal sind unberechtigte Moralismusvorwürfe selbst moralistisch. Das ist ein spezieller Fall der allgemeineren Situation, dass man selbst moralistisch kritisiert wird – nur richtet sich die Kritik der anderen hier nicht gegen mein

›gewöhnliches‹ Handeln oder Unterlassen, sondern gegen meine Äußerung moralischer Kritik. Wie soll man nun im allgemeinen Fall reagieren, wenn man mit moralistischer Kritik (an der eigenen Person oder an anderen Personen) konfrontiert ist?

Zunächst sollte man sich bewusst machen, dass die entgegenschlagende Kritik einem moralistisch zu sein *scheint*. Man hält sie zwar für moralistisch, aber ob sie auch tatsächlich moralistisch *ist*, sollte man genauer prüfen. Dazu kann man sich fragen, *in welcher Hinsicht* und *warum* man die moralische Einlassung der anderen eigentlich für moralistisch hält. Dabei greifen wieder die bereits erörterten Elemente der Besonnenheit. Man versucht einerseits, sich darüber klar zu werden, ob sich der eigene Moralismusverdacht auf den Inhalt des Urteils oder die Art der Kommunikation bezieht und welche konkrete Erscheinungsform hier vermeintlich vorliegt: Geht es um Prinzipienreiterei, Moralpranger oder moralische Aufladung, moralisches Schaulaufen, Oberlehrertum oder moralische Übergriffigkeit?

Andererseits klopft man in einer selbstkritischen Prüfung seine eigenen Gründe für diese Einschätzung ab und hinterfragt, ob an der Kritik nicht vielleicht doch etwas dran ist: Welche moralisch relevanten Gesichtspunkte könnten der Kritik zugrunde liegen, die ich vielleicht übersehen habe? Könnte die andere Person in ihrer Einschätzung nicht doch recht haben? Woran mache ich eigentlich fest, dass sich die andere Person tugendprotzerisch, oberlehrerhaft oder moralisch übergriffig verhalten hat? Und wenn ich davon ausgehe, dass ich tatsächlich den mir unterstellten Fehler begangen habe: Was wäre in meinen Augen eine angemessene, nicht überzogene Weise der Kommunikation?

Berücksichtigen sollte man dabei die Neigung, sein eigenes moralisches Selbstbild bewahren zu wollen. Der von einem selbst geäußerte Moralismusverdacht kann nämlich auch ein Versuch sein, unliebsame, aber berechtigte Kritik schnell abzutun.

Natürlich kann die skizzierte kritisch-argumentative Vergewisserung dennoch darin enden, dass sich der anfängliche Moralismusverdacht erhärtet. Was dann? Sollte man sein Gegenüber dann für diesen Moralismus kritisieren?

6.4 Wenn man Moralismus vorwirft

Auch bei der Äußerung von Moralismusvorwürfen ist umsichtige Besonnenheit ratsam. Wer in Bezug auf die Frage, ob eine Einlassung moralistisch war, recht hat, kann andere Menschen natürlich vorsichtig auf ihren Moralismus hinweisen. Doch erneut gilt: Wenn das zu direkt und scharf geschieht, kann dies einmal mehr zu Abwehrreaktionen und einer Verhärtung der jeweiligen Position führen. Der Moral wäre damit nicht gedient. Das sollte man bedenken, bevor man Moralismusvorwürfe erhebt.

Zu bedenken ist auch die in Kapitel 4 angesprochene Möglichkeit, moralistische Kritik im Dienste des moralischen Fortschritts einzusetzen. In der Bewegung zur Abschaffung der Sklaverei, in der Frauenbewegung, der Bürgerrechtsbewegung und der Arbeiterbewegung kam es sicherlich immer wieder auch zu der einen oder anderen moralistischen Entgleisung. Das bleibt nicht aus, wenn Menschen mit viel Enthusiasmus und Eifer für eine in ihren Augen gerechte Sache streiten. Tierschützerinnen bezeichnen Fleischesser dann als Tiermörder. So manche Menschen, die sich bloß unbedacht geäußert haben, werden als Rassisten bezeichnet. Und wem es schwerfällt, eine gendergerechte Sprache zu verwenden, steht schnell als Sexist da. Nicht immer, aber sicherlich doch manchmal sind solche Urteile inhaltlich überzogen. Immer wieder werden sie auch auf überzogene Weise geäußert. Aber insgesamt trifft es ja doch zu, dass Tiere massenweise gequält werden und dass es in unseren Gesellschaften immer noch rassistische und sexistische Strukturen und Verhaltensmuster gibt. Und darauf aufmerksam zu machen, kann selbst dann dazu beitragen, diese Übel zu beheben, wenn es auf etwas überzogene Weise geschieht. Moralistische Entgleisungen können nämlich verhältnismäßig harmlos sein und gegenüber dem angestrebten moralischen Fortschritt verblassen.

Es ist nicht nur psychologisch gesehen naheliegend, dass Menschen manchmal zu Übertreibungen neigen, wenn sie sich für eine moralisch gute Sache einsetzen. Mitunter *müssen* sozialreformerische Bewegungen – man denke etwa an die gegenwärtige Klimabewegung – laut auftreten, um ihrem Anliegen soziale Kraft und politisches Gehör zu verschaffen. Das hat etwas damit zu tun, dass sich soziale Bewegungen und Individuen bei ihrem Einsatz für moralischen Fortschritt häufig in den politischen Raum hineinbegeben. Dort herrschen eigene Regeln: Innerhalb kurzer Zeit müssen verbindliche Entscheide getroffen werden, zumindest einige der Akteure sind stark egoistisch orientiert und die bestehenden Machtstrukturen begünstigen es häufig, den Status Quo zu bewahren. In solch einem Umfeld wird auch strategisch darum gerungen, was überhaupt Gehör findet und was als moralisch vertretbar gelten kann. Ähnliches gilt für die Wirtschaft: Auch in Bezug auf den Konsum fair gehandelter, ökologischer und tiergerechter Waren wird darüber gestritten, was moralisch angemessen und was moralistisch ist. In beiden Sphären kann moralistische Kritik ebenso strategisch eingesetzt werden wie der Vorwurf des Moralismus – nämlich sowohl zum Schlechten als eben auch zum Guten.

Wenn moralistische Entgleisungen allerdings derart überzogen sind, dass sie alles in allem moralischen Schaden anrichten, dann darf man sie natürlich auch deutlich zurückweisen. So ist nicht jeder, der sich einer gendergerechten Sprache verweigert, gleich ein Sexist. Vielleicht ist er der Geschlechtergerechtigkeit ja von ganzem Herzen verpflichtet, hält aber die dafür eingesetzten sprachlichen Instrumente für ineffektiv oder aus sprachästhetischen Gründen für unvertretbar. Das mag empirisch gesehen schlecht informiert oder idiosynkratisch sein, ist aber nicht sexistisch.

Wenn moralistische Kritik jedoch erkennbar zum Guten eingesetzt wird, dann sollte man die moralistische Übertreibung nicht (oder zumindest: nicht zu streng) kritisieren. Denn das könnte letztlich vom Einsatz für den moralischen Fortschritt ablenken und sozialreformerischen Bewegungen ihre Dynamik und Anziehungskraft nehmen. Wenn bei der kleinsten Übertreibung gleich ein schwerwiegender Moralismusvorwurf erhoben wird, dann kann das Menschen entmutigen, sich überhaupt noch für moralischen Fortschritt einzusetzen. Bevor man einen Vorwurf erhebt, sollte man sich entsprechend wie ausgeführt auch selbstkritisch fragen, ob man nicht selbst zu jenen Akteuren gehört, die ein persönliches Interesse daran haben, moralischen Fortschritt zu verhindern. Denn antirassistische, antisexistische und auf Tierrechte oder Klimaschutz bedachte Bewegungen drohen ja, vielen von uns einige moralisch unverdiente Privilegien zu nehmen. Vorschnelle Moralismusvorwürfe oder die pauschale Unterstellung einer Hypermoral kommen da gerade recht, um diese unverdienten Privilegien vor berechtigter moralischer Kritik zu schützen.

Hier wird noch einmal deutlich, dass eben nicht nur Moralismus, sondern auch ein allzu strenger Moralismusvorwurf der Moral Schaden zufügen kann. Wird jede noch so kleine moralische Übertreibung streng als Moralismus verurteilt, dann steht gerade *das* dem moralischen Fortschritt im Wege.

6.5 Moralische Besonnenheit im Dienste des moralischen Fortschritts

Im Umgang mit Moralismus und Moralismusvorwürfen haben wir für moralische Besonnenheit im Dienste des moralischen Fortschritts plädiert. Das schließt ein, dass man differenzierend klärt, in welcher Hinsicht und welche Spielart von Moralismus vorliegen könnte; dass man die eigenen Urteile und Kommunikationsweisen selbstkritisch daraufhin prüft, ob sie moralisch überzogen sind und dabei Umsicht walten lässt; dass man die anderen Positionen als Ausgangspunkt einer kritisch-argumentativen Vergewisserung ernst nimmt; und dass man dabei möglichst sensibel für die moralische Effektivität und Effizienz von moralischen Einlassungen, aber auch für die Möglichkeit der moralischen Selbstimmunisierung durch Moralismusvorwürfe, bleibt.

Der Versuch, sich um moralische Besonnenheit zu bemühen, hat damit eine gewisse Tendenz zur Vorsicht bei moralischen Urteilen und insbesondere bei moralischer Kritik. Das gilt umso mehr angesichts der in Kapitel 3 dargelegten angesprochenen Gefahr, dass mit moralistischen Urteilen und Vorwürfen auch gravierende Schädigungen einhergehen können: Moralismus kann beleidigend sein, enge Beziehungen zerstören und, wenn er einmal um sich greift, auch den moralischen Zusammenhalt in der Gesellschaft schwächen.

Es ist jedoch wichtig zu betonen, dass moralische Besonnenheit nicht mit moralischer Zurückhaltung oder gar Enthaltsamkeit verwechselt werden darf: Es ist *nicht* so, dass moralische Kritik und Vorwürfe gar nicht geäußert werden dürfen oder Moral zwischenmenschlich und gesellschaftlich nicht thematisiert werden sollte. Denn moralische Urteile und Kritik dienen ja dem moralischen Fortschritt. Sie können dabei helfen, die Welt ein Stück weit besser zu machen. Deshalb gilt es, für die gerechte Sache auch mutig und entschlossen einzustehen sowie eindeutig und moralisch selbstbewusst Position zu beziehen.

Sich ständig um moralische Besonnenheit zu bemühen, kann den Einsatz für die moralisch gute Sache aber vor einem schädlichen Moralismus schützen. Denn es kann über den Prozess der Selbstvergewisserung dabei helfen, ein reflektiertes und deshalb angemessenes moralisches Selbstbewusstsein zu entwickeln. Man bekommt dann ein besseres Gespür dafür, wann eine nachdrückliche moralische (vielleicht sogar moralistische) Einlassung nötig ist – und wann sie der Sache der Moral eher schaden könnte. Im letzteren Fall gilt es wiederum besonders vorsichtig zu agieren, gerade im Dienste des moralischen Fortschritts. Denn wenn wirklich viele Menschen von moralischen Einsichten überzeugt und zu Verhaltensänderungen motiviert werden sollen, dann ist es ratsam, reaktantem Verhalten und einer Selbstimmunisierung durch den Gegenvorwurf des Moralismus möglichst wenig Anlass zu geben.

Wie kann das in der praktischen Umsetzung gelingen? Um die Gefahr reaktanten Verhaltens zu minimieren, kann es zum Beispiel ratsam sein, die eigene moralische Kritik mit Bedacht zu formulieren und dabei ›Tugenden der praktischen Weisheit‹ zu kultivieren: unaufgeregt aufzutreten und sich seiner eigenen Unzulänglichkeiten bewusst zu sein; aufgeschlossen für die Perspektive der kritisierten Person zu sein und ehrliches Verständnis dort zu zeigen, wo es möglich ist; moralische Komplexität auszuhalten und Differenzierungen (z. B. im Schweregrad der Verfehlung) zuzulassen; sein Urteil ausgewogen zu formulieren und seine Sprache zu mäßigen (insbesondere andere nicht zu dämonisieren); sich versöhnlich zu zeigen und die kritisierte Person zu respektieren. All das verringert die Gefahr von Abwehrreaktion und erhöht die Wahrscheinlichkeit, dass die Botschaft tatsächlich gehört wird und die Kritik moralisch effektiv ist.

Darüber hinaus kann man als moralische Reformerin auch versuchen, möglichst wenig Angriffsfläche und Anlass zur Selbstimmunisierung zu bieten – gerade in Bezug auf Moralismusvorwürfe, die sich gegen die Haltung, die Motivation oder den Charakter der kritisierenden Person richten: Wem es darum geht, sich mit anderen zu solidarisieren oder die Welt besser zu machen, der sollte in der moralischen Intervention nicht den Eindruck erwecken, es ginge ihm eigentlich doch nur um ihn selbst. Zwar wird man den Vorwurf, eine Tugendprotzerin oder ein Moralapostel zu sein, wohl nie ganz vermeiden können. Doch sollte man gerade der eigenen Sache wegen für die negativen Effekte sensibel sein, die eintreten können, wenn man in der Kritik selbstbezogen oder überheblich wirkt.

Vielleicht kann es auf diese Weise gelingen, den Missbrauch des Moralismusvorwurfs einzudämmen. Denn wie wir gesehen haben, kann nicht nur Moralismus, sondern auch der Moralismusvorwurf dem moralischen Fortschritt im Wege stehen. Moralisch besonnen agiert darum derjenige, der diesen Vorwurf nicht allzu leichtfertig und vorschnell erhebt. Moralisch besonnen zu agieren, heißt aber auch, den Missbrauch des Moralismusvorwurfs etwa zur Selbstimmunisierung zu erkennen und entlarvend etwas entgegenzusetzen – natürlich auf Grundlage einer selbstkritischen Überprüfung, ob die eigenen moralischen Urteile wirklich stichhaltig sind und die geäußerte moralische Kritik in ihrer Form wirklich angemessen ist. Mit unserem Buch wollten wir dafür zumindest einige Orientierungspunkte geben. Die Prüfung selbst muss dann jede und jeder von uns eigenständig vornehmen. Unsere Hoffnung ist, dass mit dem stärkeren Bemühen um moralische Besonnenheit auch mehr Gelassenheit im Umgang mit Moralismus einkehrt und sich die moralische Diskurskultur wandelt – zum Guten.

Anmerkungen

1 Kant, *Die Metaphysik der Sitten*, S. 288.
2 Nietzsche, *Nachgelassene Fragmente 1882–1884*, S. 647.
3 Gehlen, *Moral und Hypermoral*, S. 36.
4 Lübbe, *Politischer Moralismus*, S. 53.
5 Mieth/Rosenthal, »Spielarten des Moralismus«, S. 35.
6 Vertiefend behandeln das Tosi/Warmke, *Grandstanding*.
7 Komplizierter wird es natürlich dann, sollten Sie mit Ihrem Nachbarn eng befreundet sein. Vielleicht ergeben sich aus der Freundschaft Zuständigkeiten oder gar Pflichten, einander für moralische Fehler zu kritisieren?
8 Weiterführend hierzu Brownlee, *Being Sure of Each Other*.
9 Weiterführend hierzu Schultz, *Was darf man sagen?*
10 Weiterführend hierzu Hark/Kostner, »Gefährdete Meinungsfreiheit?«.
11 Vgl. Williams, *Ethik und die Grenzen der Philosophie*, S. 213–217; 275–279.
12 Diese Position des frühen Realismus hat in der Theorie der internationalen Beziehungen etwa Hans Morgenthau vertreten. Vgl. Morgenthau, *Politics Among Nations*.
13 In diese Richtung kritisiert Raymond Geuss die Gerechtigkeitstheorie von John Rawls. Vgl. Geuss, *Kritik der politischen Philosophie*.
14 Eine ausführliche Diskussion dieser Zusammenhänge liefert Hartmann, *Die Praxis des Vertrauens*.
15 Zur gegenwärtigen Diskussion um Meinungsfreiheit bzw. Wissenschaftsfreiheit vgl. Schultz, *Was darf man sagen?* und Özmen, *Wissenschaftsfreiheit im Konflikt*.
16 Eine Übersicht zur Schweigespirale liefert Roessing, *Schweigespirale*, bes. S. 9–14.

Literaturhinweise

Brownlee, Kimberley: Being Sure of Each Other. An Essay on Social Rights and Freedoms. Oxford / New York 2020.

Coady, Cecil A. J.: Messy Morality. The Challenge of Politics. Oxford /New York 2008.

Gehlen, Arnold: Moral und Hypermoral. Frankfurt a. M. 2016.

Geuss, Raymond: Kritik der politischen Philosophie. Eine Streitschrift. Hamburg 2011.

Hark, Sabine / Kostner, Sandra: Gefährdete Meinungsfreiheit? Zwei Perspektiven. In: Aus Politik und Zeitgeschichte 70 (2020) Nr. 12–13. S. 8–15.

Hartmann, Martin: Die Praxis des Vertrauens. Berlin 2011.

Kant, Immanuel: Die Metaphysik der Sitten. Hrsg. von Hans Ebling. Stuttgart 1990.

Lübbe, Hermann: Politischer Moralismus. Der Triumph der Gesinnung über die Urteilskraft. Münster 2019.

Mieth, Corinna / Rosenthal, Jacob: Spielarten des Moralismus. In: Neuhäuser, Christian / Seidel, Christian (Hrsg.): Kritik des Moralismus. Berlin 2020. S. 35–60.

Morgenthau, Hans: Politics Among Nations. The Struggle for Power and Peace. New York ^{5}1978.

Neuhäuser, Christian / Seidel, Christian (Hrsg.): Kritik des Moralismus. Berlin 2020.

Nietzsche, Friedrich: Nachgelassene Fragmente 1882–1884. Sämtliche Werke. Bd. 10. München / New York 1988.

Özmen, Elif (Hrsg.): Wissenschaftsfreiheit im Konflikt, Grundlagen, Herausforderungen und Grenzen. Heidelberg 2021.

Roessing, Thomas: Schweigespirale. Baden-Baden 2019.

Schultz, Tanjev (Hrsg.): Was darf man sagen? Meinungsfreiheit im Zeitalter des Populismus. Stuttgart 2020.

Taylor, Craig: Moralism. A Study of a Vice. Durham 2012.

Tosi, Justin / Warmke, Brandon: Grandstanding. The Use and Abuse of Moral Talk. Oxford / New York 2020.

Williams, Bernhard: Ethik und die Grenzen der Philosophie. Hamburg 1999.

Zu den Autoren

CHRISTIAN NEUHÄUSER, geb. 1977, ist Professor für Praktische Philosophie am Institut für Philosophie und Politikwissenschaft an der TU Dortmund. Er forscht zu Theorien der Selbstachtung und Würde, Verantwortung und Eigentum. Auf dieser Grundlage arbeitet er vor allem in den Bereichen der Wirtschaftsphilosophie und Philosophie der Internationalen Beziehungen.

CHRISTIAN SEIDEL, geb. 1982, ist Professor für Philosophie am Karlsruher Institut für Technologie (KIT). Er forscht und lehrt zu personaler Autonomie, zu moralphilosophischen Grundlagenfragen (v. a. zur Struktur von Moraltheorien), zu verschiedenen Fragen der angewandten Ethik (insbesondere der Klima-, Risiko- und Zukunftsethik) sowie zur britischen Moral- und Sozialphilosophie des 19. Jahrhunderts (vor allem bei John Stuart Mill und Henry Sidgwick).

Danksagung

Wir möchten Gregor Betz, Inga Bones und Volker Lang für sehr fruchtbare Diskussionen und Anmerkungen zum Manuskript sowie Rebekka Siebers für ihre wertvolle Hilfe bei der Erstellung des Manuskripts ganz herzlich danken. Sehr dankbar sind wir zudem den Beiträgerinnen und Beiträgern zu unserem Band *Kritik des Moralismus*: Viel von dem, was wir von ihnen gelernt haben, ist in dieses Essay eingeflossen.